하루 한 권 학습만화 2

세계의역사

KADOKAWA MANGA GAKUSYU SERIES SEKAI NO REKISHI
KODAISHAKAI TO SHISOKATACHI KIGENZEN600-KIGENGANNEN

©KADOKAWA CORPORATION 2021
Korean Translation Copyright © 2022 by Korean Studies Information Co., Ltd.

First published in Japan in 2021 by KADOKAWA CORPORATION, Tokyo.
Korean translation rights arranged with KADOKAWA CORPORATION, Tokyo through Eric Yang Agency Inc, Seoul.

일러두기

이 책은 세계사를 바라보는 다양한 시각 및 국제정치적 감각을 길러주기 위한 목적으로 기획되었다. 원서는 비교 역사학을 토대로 서술되어 특정 국가의 시각에 치우치지 않고 세계 각국의 다양한 역사적 사실에 기반을 두고 있다. 다시 말해 우리 민족의 관점으로 바라본 세계사가 아님을 밝힌다.

다만 역사라는 학문의 특성상 우리나라 학계 및 정서에 맞지 않는 영토분쟁·역사적 논쟁점도 분명히 존재한다. 편집부 역시 이러한 사실을 인지하고, 국내 정서와 다른 부분은 되도록 완곡한 단어로 교정했다. 그러나 오늘날 발생하는 수많은 역사 분쟁을 다양한 시각에서 논의할 수 있도록 필요한 부분은 원서의 내용을 살려 편집했다. 교육 자료로 활용하거나 아동이 혼자 읽는 경우 이와 같은 부분에 지도가 필요할 수 있음을 당부드린다.

하루 한 권 학습만화 2

세계의역사

도쿄대학 명예 교수 **하네다 마사시** 감수

제1장 고대 그리스와 알렉산드로스

에게 문명 이후 그리스 각지에는 '폴리스(도시국가)'가 탄생했다. 그중 아테네에서는 민주정이 실시되는 한편 문화가 꽃을 피웠다.

아테네

페리클레스

기존의 민주정을 발전시켜 직접민주정을 완성함

솔론

개혁을 통해 귀족과 평민 사이의 갈등을 중재함

아케메네스조 페르시아

다리우스 3세

알렉산드로스 3세의 침입에 맞서 직접 전투를 지휘했으나 패배함

멸망시킴

마케도니아

스승으로 섬김

알렉산드로스 3세

동방으로 원정을 가 페르시아를 무너뜨리고 계속 진군해 전례 없는 대제국을 세움

친구

헤파이스티온

어린 시절부터 친구였던 알렉산드로스 3세의 측근

그리스 철학자

아리스토텔레스 **플라톤** **소크라테스**

고대 그리스에 등장한 여러 철학자. 이들의 연구는 훗날 유럽 학문의 기초가 됨

제2장 고대 인도의 종교와 사상

인도에서 '불교'와 '자이나교'가 창시되었다. 이후 마우리아 제국의 심라트 '아소카'는 불교를 보호했다.

현존하는 종교

자이나교

불교

고타마 싯다르타

불교의 창시자. '석가·부처'라고도 불림. 보리수 아래에서 명상하다 깨달음을 얻음

바르다마나

자이나교의 창시자. 엄격한 '불살생'을 설법하며 수행과 전도를 행함

셀레우코스 제국

셀레우코스 1세

알렉산드로스 3세의 장군. 셀레우코스 제국의 바실레우스로 즉위함

와해

마우리아 제국

아소카

제국을 법으로 다스리며 전성기를 이끈 심라트

조손

찬드라굽타

인도 대부분을 통합하고 마우리아 제국을 세움

주요 사건

기원전 431년

그리스에서 펠로폰네소스 전쟁 발발

기원전 403년

중국에서 전국시대 시작

기원전 330년

알렉산드로스 3세가 아케메네스조 페르시아를 멸망시킴

기원전 268년경

마우리아 제국 아소카 즉위

제3장 고대 중국의 제자백가

춘추 · 전국 시대 중국 대륙에서는 유가를 일으킨 '공자'를 비롯해 '제자백가'라고 불리는 사상가들이 활약했다.

유가

공자(공구)

유가의 창시자로 '인(仁)'과 '예(禮)'를 설파함. 여러 나라를 방랑하며 제자들의 교육에 전념함

맹자(맹가)

순자(순황)

전국 시대의 사상가들로 공자의 가르침을 발전시켜 맹자는 '성선설'을 순자는 '성악설'을 설파함

경합

제(齊)

환공

춘추 시대에 세력을 길러 주(周)의 '혜왕'에게 패자로 인정받음. 제의 국력을 다진 인물

진(秦)

상앙

'효공'을 섬기며 엄격한 법으로 나라를 다스렸으나, 그로 인해 백성들의 원망을 삼

묵가

묵자(묵적)

공자가 주장한 인(仁)을 차별적이라 비판하며 '겸애(兼愛)'와 '비공(非攻)'을 설파함

도가

노자(이이) · **장자(장주)**

우주의 원리와 만물의 근원이 '도(道)'에 있다고 생각해 '무위자연(無爲自然)'의 중요성을 설파함

제4장 고대 로마의 문화와 사상

로마는 그리스 문명과 헬레니즘 문명을 받아들여 학문 · 철학을 발전시켰다.

로마 제국

네로

로마의 제5대 황제. 즉위 초에는 어질게 통치했으나 점점 포악해짐

삼촌

대플리니우스

로마 함대의 사령관이자 『박물지』를 저술한 박물학자

조카

소플리니우스

정치가이자 문필가로도 활약함

스승으로 섬김

에피쿠로스 학파

에피쿠로스

정신적 쾌락주의를 주장함

스토아 학파

제논

스토아 학파의 창시자로 금욕을 설파함

세네카

정치가이자 철학자. 네로의 스승

마르쿠스 아우렐리우스

'오현제' 중 한 명으로 철학을 심도 있게 공부하고 통치함

부자

콤모두스

황제인 아버지가 죽고 황위를 이었으나 방자하게 생활하다 암살됨

독자여러분께

2

고대 사회와 사상가들

도쿄대학 명예 교수 **하네다 마사시**

2권에서는 지중해 연안의 그리스와 로마, 남아시아의 인도, 동아시아의 중국 대륙을 다룹니다. 기원전 6세기경부터 기원전 3세기경까지 소규모의 취락·도시를 이루고 살던 인류는 전쟁을 겪으며 서서히 정치적이면서도 대규모로 결집했습니다.

이 시기 그리스에서는 '알렉산드로스 3세'가 '폴리스'라고 불리는 도시 국가들과 전쟁을 벌이며 대제국을 세웠습니다. 한편 폴리스에 불과했던 로마 역시 주변의 다른 취락·폴리스를 정복하며 광대한 영토를 차지했죠. 남아시아에서는 마우리아 제국이 사상 최초로 북인도를 통일했고, 동아시아에서는 춘추·전국 시대를 거쳐 진(秦)이 대제국을 세웠습니다.

약간의 시간 차이는 있지만 강대한 국가가 넓은 영토를 지배하는 공통된 양상이 세계 각지에 나타난 것입니다. 덧붙여 이 무렵 서아시아와 이집트에는 이러한 국가가 이미 들어서 있었습니다.

이렇듯 연이은 전쟁으로 세계 각지가 불안정해지자, 인간과 인간이 살아가는 세상, 정치와 사회질서 등에 대해 고찰하는 여러 '사상가'가 등장했습니다. 그리스의 '국가'와 '민주정', 로마의 '시민'과 '공화정', 남아시아의 '불교'와 동아시아의 '유교' 등 이들이 만들어 낸 개념·사상 중에는 오늘날의 우리에게까지 영향을 주고 있는 것이 많습니다.

2권을 통해 고대와 현대가 결코 무관하지 않다는 사실을 확인할 수 있기를 바랍니다.

당부의말씀

- 이 도서의 원서는 일본 문부과학성이 발표한 '2008 개정 학습지도요령'의 이념, '살아가는 힘'을 기반으로 편집되었습니다. 다만 시대상을 반영하려는 저자의 의도적 표현을 제외하고, 역사적 토론이 필요한 표현은 대한민국 국내의 정서를 고려해 완곡하게 수정했습니다.

....

- 인명 · 지명 · 사건명 등의 명칭은 대한민국 초 · 중 · 고등학교 교과서를 바탕으로 삼되, 여러 도서 · 학술정보를 참고해 상대적으로 친숙한 표현으로 표기했습니다.

....

- 대체로 사실로 인정되는 역사를 기반으로 구성했습니다. 다만 정확한 기록이 남지 않은 등장인물의 경우, 만화라는 장르를 고려해 쉽고 재미있게 읽을 수 있도록 대화 · 배경 · 의복 등을 임의로 각색했습니다. 또 역사의 흐름을 이해하는 데 도움이 되도록 만화에 가공인물을 등장시켰습니다. 이러한 가공인물에는 별도로 각주를 달아 표기했습니다.

....

- 연도는 서기로 표기했습니다. 사건의 발생 연도나 인물의 생몰년이 불분명한 경우에는 일반적으로 통용되는 시점을 채택했습니다. 또 인물의 나이는 앞서 통용된 시점을 기준으로 만 나이로 기재했습니다.

....

- 인물의 나이는 맞춤법에 어긋나더라도 '프리드리히 1세'처럼 이름이 같은 군주의 순서 표기와 헷갈리지 않도록 '숫자 + 살'로 표기했습니다. 예컨대 '스무 살, 40세'는 '20살, 40살'로 표기했습니다.

시대의 흐름을 파악하자! 그림으로 보는 역사 내비게이션

기원전 5세기경의 세계

이 시기 유라시아 각지에는 서로 더 넓은 영토를 차지하기 위한 싸움이 빈번했습니다. 곧 인간의 삶과 이상적인 사회상, 자연현상을 고찰하는 여러 사상가와 종교가가 나타났습니다.

'공자'의 등장
(기원전 551년경~기원전 479년) C

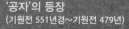

유가의 창시자인 공자가 '타인을 사랑하는 마음'인 '인(仁)'의 중요성을 설파함

올멕 문화
(기원전 12세기경~기원전 4세기경) D

멕시코 만 연안에서 번성한 문화로, 아메리카 도시 유적 중 가장 오래된 것으로 추정됨

벼농사를 짓는 사람들
(기원전 4세기경)

중국 대륙·한반도에서 농법이 전해져 벼농사를 지으며 살아감

차빈 문화
(기원전 10세기경~기원전 2세기경)

페루의 안데스 산맥 고원지대에서 발견된 문화 유적으로 뱀과 재규어를 신으로 숭배했던 것으로 추정됨

하네다 마사시 교수님

② 네, 맞아요. 예를 들어 중국 대륙에서는 춘추ㆍ전국 시대에 들어 '제자백가'라 불리는 수많은 사상가들이 활약했죠.

① 각지에 전쟁이 잇따르고 사람들의 삶이 불안정해지자 세상의 온갖 일을 고찰하는 이들이 등장한 거군요.

④ 개중에는 오늘날까지 이어져 삶을 대하는 우리의 자세, 그리고 사회에까지 영향을 주는 사상도 있답니다.

③ 사람들은 '어떻게 하면 더 평화롭게 잘 살 수 있을까'라는 질문에 철학과 사상에서 그 답을 찾았던 거네요.

페르시아 전쟁
(기원전 500년~기원전 449년)

이오니아의 반란을 계기로 그리스의 폴리스들과 페르시아 사이에 전쟁이 일어남

스키타이 문화
(기원전 8세기경~3세기경)

기마민족인 스키타이족은 유목 생활을 하며 섬세한 세공으로 장식한 금속 공예품을 만듦

'소크라테스'의 활약
(기원전 469년경~기원전 339년) **A**

그리스의 철학자 소크라테스가 '무지의 지'를 주장함

불교의 창시
(기원전 5세기경) **B**

'고타마 싯다르타'가 보리수 아래에서 깨달음을 얻음

◀ 다음 페이지에서 자세한 설명을 확인하세요

A

아테네 거리에서 대화하는 소크라테스

'대화법'을 통해 진리를 탐구하고자 했던 소크라테스는 '스스로 진리를 모른다', 즉 '자신이 무지하다'라고 생각하는 것이 중요하다고 설파했다. 그러나 청년들을 현혹하고 신들을 믿지 않는다는 이유로 고소당해 결국 사형에 처해졌다.

B

사르나트에서 설법하는 붓다

고타마 싯다르타(붓다)는 부다가야의 한 보리수 아래에서 깨달음을 얻고 사르나트에서 처음으로 설법했다. 이때 불교의 주된 가르침인 '사제(4개의 진리)'와 '팔정도(8개의 올바른 길)' 등을 설법했다고 전해진다.

C

공자에게 가르침을 받는 제자들

노(魯)의 관리였던 공자는 스스로 생각하는 이상적인 정치를 실현하기 위해 여러 나라를 돌아다니며 '인(仁)' 사상을 설파했다. 공자에게는 3천여 명의 제자가 있었다고 전해지는데, 이들은 공자가 죽은 뒤 공자의 말과 행동을 정리해 『논어』로 기록했다.

D

거석 두상을 만드는 사람들

멕시코 만 연안에서 번성했던 올멕 문화에서는 바위를 가공해 다양한 조각품을 만들었다. 이때 만들어진 거석 두상은 대략 2~3m 높이로, 지도자 또는 의식으로 거행했던 공놀이의 경기자를 조각한 것으로 추정되나 아직까지 정확한 내막은 밝혀지지 않았다.

2 파노라마 연표(기원전 6세기~기원 원년)

남·동남아시아		북·동아시아		일본	
					조몬 시대
				후기 조몬 시대 (기원전 20세기경)	
○아리아인의 갠지스 강 유역 진출			**주(周)**	말기 조몬 시대	
			주의 동천(기원전 770년경) 춘추 시대 시작 (기원전 770년 ~ 기원전 403년)		
마가다 왕조 건국(기원전 6세기경) **고타마 싯다르타 탄생** (기원전 563년경 ~ 기원전 483년경) **바르다마나 탄생** (기원전 549년경 ~ 기원전 477년경)	**코살라 왕조** 건국(기원전 6세기경)	**공자 탄생** (기원전 551년 ~ 기원전 479년)			
○자이나교와 불교 성립		○유가 사상 성립			
	마가다 왕조에 병합 (기원전 5세기)	전국 시대 시작 (기원전 403년 ~ 기원전 221년)			
		전국칠웅 (한/위/조/제/연/초/진) 진(秦) 상앙의 변법 시행(기원전 359년)		일본 열도에 벼농사와 금속기 전파 (야요이 시대 시작)	야요이 시대
마우리아 제국 성립(기원전 317년경) 👤**찬드라굽타** (기원전 317년경 ~ 기원전 296년경)					
○실론(스리랑카)에 불교 전파 👤**아소카** (기원전 268년경 ~ 기원전 232년경)		**흉노** 건국(기원전 3세기경)	멸망(기원전 256년) 진(秦) 중국 대륙 통일 (기원전 221년) 👤**시황제** (기원전 221년 ~ 기원전 210년) 멸망(기원전 206년)		
멸망(기원전 180년)			**한(전한)** 건국(기원전 202년) 👤**고조** (기원전 202년 ~ 기원전 195년) 👤**무제**(기원전 141년 ~ 기원전 87년)		
사타바하나 제국 성립(기원전 1세기경)		동서 분열 (기원전 1세기 중반)			

[잠깐!] '고타마 싯다르타', '예수'의 생몰년은 불분명합니다.

範例
- ▨ : 나라·왕조　　붉은 글자 : 전투·전쟁　　▨ : 조약·회의　　👤 : 주요 통치자(재위·재직 기간)

• 시간의 흐름에 따라 서술한 연표로, 생략된 시대·사건이 있습니다.

연대	그리스·로마·유럽	서아시아
기원전 30세기	에게 문명 번영(기원전 30세기경)	
기원전 20세기	크레타 문명 번영(기원전 20세기경) 미케네 문명 번영(기원전 16세기경)	
기원전 10세기	○그리스에 철기 보급	
기원전 8세기	카르타고　　　그리스(폴리스 시대) ○폴리스 성립	
기원전 7세기	○활발한 식민지 개척　　마케도니아	
기원전 6세기	솔론의 개혁(기원전 594년) ○아테네 참주정 아테네 민주정(기원전 508년) 로마 공화정 시작(기원전 509년)	아케메네스조 페르시아 건국(기원전 550년) 👤다리우스 1세(기원전 522년 ~ 기원전 486년)
기원전 5세기	번영(기원전 5세기경) 페르시아 전쟁(기원전 500년~기원전 449년) 살라미스 해전(기원전 480년) 소크라테스 탄생(기원전 469년경~기원전 399년) 아테네의 번영(기원전 450년경) 펠로폰네소스 전쟁(기원전 431년~기원전 404년) 「12표법」 제정(기원전 450년경)	
기원전 4세기	아리스토텔레스 탄생(기원전 384년~기원전 322년) 카이로네이아 전투(기원전 338년) 👤알렉산드로스 3세(기원전 336년 ~ 기원전 323년) 알렉산드로스 3세의 동방원정(기원전 334년 ~ 기원전 324년) 아피아 가도 착공(기원전 312년) 프톨레마이오스 왕가 성립(기원전 304년) 👤프톨레마이오스 1세(기원전 304년 ~ 기원전 283년)	👤다리우스 3세(기원전 336년 ~ 기원전 330년) 멸망(기원전 330년) 셀레우코스 제국 건국(기원전 312년) 👤셀레우코스 1세(기원전 305년 ~ 기원전 281년)
기원전 3세기	이탈리아 반도 통일(기원전 272년) 안티고노스 왕가 성립(기원전 276년) 포에니 전쟁(기원전 264년 ~ 기원전 146년)	파르티아 건국(기원전 248년경) 박트리아 건국(기원전 255년경)
기원전 2세기	멸망(기원전 146년) 멸망(기원전 168년) 로마의 속주가 됨(기원전 146년) 로마가 아카이아 동맹을 무찌르고 통제함(기원전 146년)	멸망(기원전 145년경)
기원전 1세기 / 기원 원년	👤카이사르(기원전 100년 ~ 기원전 44년) 제1차 삼두정치(기원전 60년) 정식으로 로마의 속주가 됨(기원전 27년) 예수 탄생(기원전 7년경/기원전 4년경 ~ 30년경) 로마의 속주가 됨(기원전 30년)	로마의 속주가 됨(기원전 64년)

▨ 이 책에서 다루지 않는 역사　　□ 3권에서 다루는 역사

하루
한 권
학습만화

세
계
의
역
사

2

고대 사회와 사상가들

(기원전 6세기 ~ 기원 원년)

목 차

제 **1** 장

〈자켓 및 표지〉 곤도 가쓰야 (스튜디오 지브리)

글로벌한
관점으로
세계를
이해하자!

세계사 내비게이터
하네다 마사시 교수
일본판 도서를 감수한 도
쿄대학의 명예 교수. 세계
적인 역사학자로 유명함

〈일러스트〉 우에지 유호

만약에

세계의 사상가와 종교가가 프로레슬링 대결을 한다면… ⁉

'플라톤'이 챔피언 벨트를 사수했습니다!

결정적인 공격~!

털썩

꾁

이데아!

이데아!

이데아!

이데아!

와ー

와ー

플라톤은 고대 그리스의 폴리스인 아테네의 철학자죠.

하네다 교수님, 오늘도 열띤 경기였네요!

고대 사상가들이 각자의 사상을 겨루는 사상가 프로레슬링!

와ー

와ー

와ー

하네다 마사시
역사학자 · 해설자

플라톤

고대 그리스의 철학자. 변화하는 세계 속에 변하지 않는 관념인 이데아가 있다고 주장함. 아리스토텔레스의 스승
(기원전 429년경~기원전 347년)

아아, '아리스토 텔레스'군요.

플라톤의 제자로 '모든 학문의 아버지'라고 불리는 분입니다.

오오, 다른 사상가도 플라톤의 승리를 축하해주고 있군요!

스승님, 훌륭한 경기 였습니다!

아리스토텔레스
그리스의 다양한 학문을 집대성함.
훗날 유럽·중동의 학문에 큰 영향을 줌
(기원전 384년~기원전 322년)

고대 그리스 시대에는 철학 말고도 자연학, 생물학, 천문학이 발전했습니다. 아리스토텔레스는 이 모든 학문을 섭렵한 인물이죠.

'모든 학문의 아버지' 라고요?

참고로 아리스토텔레스는 '알렉산드로스 3세'의 가정교사 였던 걸로도 유명하죠.

고대 그리스 학자들은 자연과 세상의 진리를 탐구 했답니다.

아하…. 그리스에는 수많은 학문이 있었군요~

이 세상은 무엇으로 이루어져 있을까?

물 인가?

알렉산드로스 3세
마케도니아 제26대 바실레우스.
어린 시절 아리스토텔레스의 가르침을 받음
(기원전 356년~기원전 323년)

원자 겠지?

불 인가?

호오~
'키케로'와
'마르쿠스
아우렐리우스'
로군요.

이런!
난입입니다!
고대 로마 복장의
남성 두 명이
링 위로
올라왔습니다!

불쑥

척

척 척

와—

자
벨트를
넘기지지

우리 로마인은
너희 그리스인들의
사상을 계승하고
발전시켰지.
이제 챔피언
벨트를 우리에게
넘겨라!

키케로
공화정 시기 로마의 변론가 · 정치가
(기원전 106년~기원전 43년)

그리스에서 탄생한
스토아 철학은
이성을 중시하고
욕망을 억제하고자 하는
훌륭한 철학이더군!

와—

마르쿠스 아우렐리우스
'오현제' 중 5번째 황제 · 스토아 학파 철학자
(121년~180년)

로마
애송이
들이
건방
지게!

곤죽으로
만들어
주마!

고대 로마
사상가들이
고대 그리스
선배들에게
도전하는 건가요?

아우렐리우스는 황제인
동시에 사상가이기도
했답니다.
이 무렵 로마에서는
그리스의 스토아 철학이
크게 유행했죠.

하하하

하네다 교수님!
미묘하게
제 질문에는
대답하지
않으셨어요!

무시무시한 토론입니다!

「국가」 「정치학」 「명상록」

과연 로마 후배들의 도전을~!

고대 그리스, 도전을 받아 들입니다!

「이데아」

와ㅡ

와ㅡ

「철인 정치」

와ㅡ

뿌우ㅡ

저 사람들은 대체 누구죠?

웅성ㅠ

수수께끼의 두 남성이 나타났습니다!

뿌ㅡ 뭐죠?!

코끼리?!

우리도 참가하지.

재미있어 보이는군요.

흐느적...

와ㅡ

와ㅡ

와ㅡ

바르다마나
자이나교의 창시자
(기원전 549년경~기원전 477년경)

붓다(고타마 싯다르타)
불교의 창시자
(기원전 563년경~기원전 483년경)

호느적...

우리는 윤회하는 세상에서 어떻게 해야 행복하게 살아갈 수 있을지 탐구했고 마침내 깨달음을 얻어 사람들을 이끌고자 했습니다.

인도에는 죽은 뒤에 다른 몸으로 다시 태어난다고 믿는 '윤회'라는 사상이 있소.

붓다와 바르다마나는 고대 인도의 종교가 분들이죠.

이게 무슨! 이번에는 인도에서 난입하나요 ~!?

재미있군! 여기 모인 우리끼리 가장 뛰어난 사상을 정해보세나!

죽은 뒤에 다시 태어난다고?!

웅성...

윤회 …?!

잠깐 기다리시오~!

하겠 소이다!

참가

우리 중국 대륙의 사상가도

그렇다면 ….

슉

슉

슈욱

슉

슉

고대 중국의 군주들은 자신들이 통치하는 영토를 안정·발전시키기 위해 뛰어난 사상가를 초빙하고 조언을 들었답니다.

기원전 6세기부터 기원전 3세기 사이 춘추·전국 시대에 활약한 '제자백가' 라고 불리는 사상가들이죠.

뭐, 뭐죠~! 이분 들은?!

많은 이들이 그의 사상을 배우고자 했죠.

공자의 가르침은 훗날 중국에서 중심 학문으로 다뤄졌답니다.

공선생님!!

정말 존경 합니다!!

예-!!

열심히 하겠습니다!!

다들 열심히 합시다.

이 제자백가 중에서도 특히나 많은 영향을 준 인물은 '공자'입니다.

공자(공구)
춘추 시대의 사상가로 제자들에게 '인(仁)' 사상을 가르침. 유가의 창시자
(기원전 551년경~기원전 479년)

단 한마디로 모든 선수를 쓰러뜨리다니… 저분은 대체….

괴… 굉장합니다.

자네들은 스스로가 무지하다고 생각하지 않는 겐가?!

마침 많은 사상가들이 모였으니 한마디 해야겠네!

플라톤의 스승으로 '자신이 아무것도 모른다는 사실을 깨달아야 한다 (무지의 지)'고 주장한 유명한 분이시죠.

저분은 고대 그리스의 철학자 '소크라테스' 군요.

소크라테스
아테네의 철학자이자 플라톤의 스승. 절대적 진리를 탐구하고 상대주의를 비판한 인물 (기원전 469년경~기원전 399년)

소크라테스
사제관계
플라톤
아리스토텔레스
알렉산드로스 3세

그럼 다 같이 의, 의논해 볼까….

아… 예.

중요한 건 진리라고! 알고 있나?

이기고 지는 건 상관 없네!

자 이제 소크라테스가 활약했던 고대 그리스부터 살펴볼까요!

역시 소크라테스군요. 사상에는 승패가 없다는 걸 알려 주셨습니다.

발칸 반도

에게해

발칸 반도 남부는 산이 많고 평야가 적은 데다, 토양 역시 곡물을 기르는 데 적합하지 않은 지역이다.

상업이 발달해 동지중해의 에게해를 중심으로 활발하게 무역했다.

이러한 자연조건으로 인해 이 지역 사람들은 일찍이 바다로 진출했고

다양한 사상, 종교, 기술을 익혀 주변에 전파했다.

상인들은 지중해를 통해 수많은 문물을 손에 넣었는데,

고대 그리스 문명은 이러한 교류를 토대로 꽃피운 것이다.

기원전
20세기경

크레타 문명

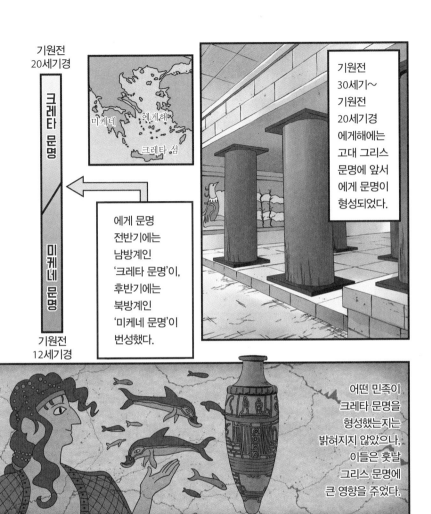

기원전
30세기～
기원전
20세기경
에게해에는
고대 그리스
문명에 앞서
에게 문명이
형성되었다.

미케네

에게해

크레타 섬

미케네 문명

기원전
12세기경

에게 문명
전반기에는
남방계인
'크레타 문명'이,
후반기에는
북방계인
'미케네 문명'이
번성했다.

어떤 민족이
크레타 문명을
형성했는지는
밝혀지지 않았으나,
이들은 훗날
그리스 문명에
큰 영향을 주었다.

기원전 15세기경 크레타 섬

너 그거
알아?

이후 아테네의 왕자였던 '테세우스'는 괴물 미노타우로스에게 산제물로 바쳐졌지만

신화에 따르면…

크레타의 국왕 '미노스'는 소머리에 인간의 몸을 가진 괴물 '미노타우로스'를 가두기 위해

크노소스 궁전 지하에 미궁(라비린토스)을 만들었다고 한다.

실을 따라 되돌아가 미궁을 탈출했다고 한다.'

미노스의 딸인 '아리아드네'에게 실타래와 단검을 건네받아 괴물을 무찌르고

이 녀석들~!

나도~!

나 이제 무서워서 궁전 근처에 못 가겠어!

10년 후

네~!

계속 잡담만
하지 말고
일해야지!

외적의
습격을
방비할
성벽은
따로
없었다.

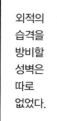

크노소스
궁전은
그 구조가
장대하고
복잡
했는데,

이 궁전에는
무려 1,200개가
넘는 방이 있어,
왕을 모시는
수많은
사람들이
살았을 것으로
추정된다.

그러니까. 이런 아름다운 궁전에서 전하의 시중을 들 수 있다니 운이 좋지.

설마 우리 둘 다 궁전에서 일하게 될 줄이야.

앗, 고마워!

무거워 보이는데 좀 도와줄까?

어때, 지하에서 괴물 소리가 들려?

글쎄…. 과연 어떨까…?

궁전터에 남아 있는 프레스코화*에는 역동적이고 자유로운 모습의 인간과 동식물이 그려져 있다.

※ 회반죽을 바르고 물 또는 석회수로 녹인 안료로 그리는 그림. 보존성이 뛰어난 것이 특징

세월이 흘러 19세기경
영국의 고고학자
'아서 에반스'에 의해
크노소스 궁전터가
발굴되었는데…

크레타 문명은 자연재해에
큰 타격을 받았고,
기원전 14세기경에는
남아있던 크노소스 궁전마저
화재로 인해 파괴되었다.

그렇게 프레스코화와
그림이 그려진 토기가
출토되었다.

크레타 문명의
문자인 '선형문자 A'는
기록물이 적은 탓에
해독할 수 없어서

크레타 문명에는
여전히
밝혀지지 않은
부분이 많다.

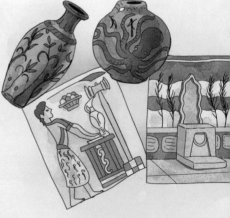

【그리스인 남하 경로】

트로이아

에게해

테베

아테네

미케네

티린스

필로스

스파르타

티라 섬

크레타 섬

크노소스

기원전 20세기경
그리스인의 한 갈래인
'아카이아인'들이
부족을 이끌고
북방에서 이주해왔다.

크레타 문명과
오리엔트[1] 문명에
많은 영향을 받은
이들은

기원전 16세기~
기원전 15세기경
미케네 문명을
형성했다.
(에게 문명 후반기)

※1 메소포타미아 · 이집트 일대

독일인 고고학자
'슐리만'에 의해
1870년~1873년에는
트로이아[2]가,
1876년에는
미케네 유적이
발굴되었다.

유적에서 발굴된
황금마스크

하인리히 슐리만

※2 슐리만이 '호메로스'의 서사시 《일리아스》의 역사성을
    믿고 발굴한 아나톨리아 반도 서북부의 유적

미케네 문명은
미케네, 티린스, 필로스 등
몇 개의 소왕국을
중심으로 발전했다.

크레타 문명에 비해 전투적인 문명이었던 것으로 추정된다.

군인이 그려져 있는 토기

성채 왕궁

미케네 문명의 유적지에는 커다란 돌로 쌓은 성벽이 있는 데다, 출토된 유물 중에 무기가 있는 것으로 보아

미케네 유적

미케네 문명의 문자인 '선형문자 B'는 '벤트리스'[1]에 의해 해독되었다.

마이클 벤트리스

※1 영국의 건축가로 선형문자 B가 고대 그리스어를 나타낸 것임을 증명함

또 당시의 점토판을 통해 백성들에게 강제로 세금을 징수했다는 사실이 밝혀졌다. (공납제 왕정)

각국의 국왕들은 대규모 토목공사를 벌였다.

미케네 문명의 소왕국들은 중앙집권적인 정치체제로 운영되었는데,

공납제 왕정의 한계,
기후 변화,
외부 세력의 침입
(바다민족설) 등
다양한 가설이 있다.

정확한 멸망 원인은
밝혀지지 않았지만

미케네 문명의 왕국들은
기원전 12세기경에 들어
돌연 멸망했다.

미케네 문명이
쇠퇴한 뒤로
그리스에는
400여 년간
혼란이 이어졌는데

선형문자 A·B로
적힌 기록물이
소멸된 이 시기를
'그리스 암흑기'
라고 부른다.

도리아인

아이올리스인

이오니아인

또 훗날
폴리스를 세우는
주요 집단인
도리아인[※2]이
등장했기에

이 시기는
그리스 역사에서
중요한 의미를 가진다.

하지만 이 암흑기에
철기가 보급되고

공납제가 폐지돼
농업 생산성이
향상되었을 것으로
추정된다.

33 ※2 기원전 13세기~기원전 12세기경 동지중해 연안의
   시리아·팔레스타인·이집트에 이주를 시도한 민족의 총칭

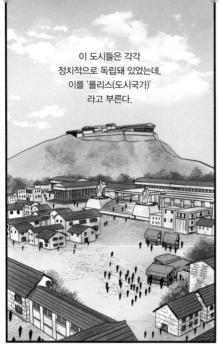

이 도시들은 각각 정치적으로 독립돼 있었는데, 이를 '폴리스(도시국가)'라고 부른다.

기원전 8세기경 그리스 각지의 유력자들이 사람들을 이끌고 언덕을 중심으로 도시를 세웠다.

여러분, 저 언덕 기슭에서 살아 갑시다!

이렇게 그리스인이 폴리스에 정착하고 사회가 안정되면서 그리스 암흑기는 그 막을 내렸다.

사람들은 도시 중앙에 있는 언덕 (아크로폴리스)에 신전을 세우고 언덕 기슭에 모여 살았다.

그래서 우리집은 저 멀리 서쪽의 마살리아*로 이주하기로 했네. 자네도 함께 가지 않겠는가?

이제 폴리스에 남은 땅이 없다는군.

나는 이번에 결혼하면서 농장을 열고 싶었는데

기원전 8세기 중반부터 약 2백 년간 식민지 개척이 활발해졌다.

※ 지금의 프랑스 남쪽 마르세유

사회가 안정됨에 따라 인구가 증가하면서 농지가 부족해지자

그나저나 사람이 정말 많구먼.

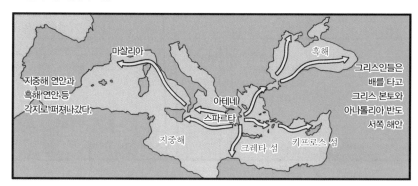

마살리아

흑해

지중해 연안과 흑해 연안 등 각지로 퍼져나갔다.

그리스인들은 배를 타고 그리스 본토와 아나톨리아 반도 서쪽 해안

아테네

스파르타

지중해

크레타 섬

키프로스 섬

활동 영역이 넓어진 덕에 무역이 활발해졌다.

그렇게 개척된 식민지에 도시가 형성되고 (식민시)

이후 경제력을 갖춘 식민시 또한 폴리스로 발전해갔다.

35

각각 독립된 소국가인 폴리스에 살던 그리스인들은 하나의 커다란 국가로 통일되지는 않았지만

스스로를 '헬레네스'[1]라고 부르며 공통적인 그리스어와 그리스 문자를 사용했다.

Hellēnes

※1 훗날 '헬레니즘'의 어원이 됨

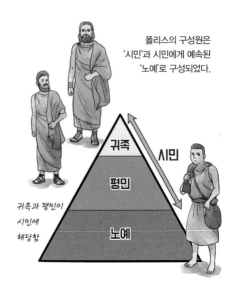

폴리스의 구성원은 '시민'과 시민에게 예속된 '노예'로 구성되었다.

귀족 / 시민 / 평민 / 노예

귀족과 평민이 시민에 해당함

여사제에게 신탁(예언)을 받아 전쟁·외교와 같은 사안을 결정했다.

각 폴리스에서는 그리스 중부의 도시 델포이를 성역으로 여기며 이곳에 세워진 아폴론 신전에서

이들은 타민족을 '바르바로이'[2]라고 불렀는데, 페르시아 전쟁을 거치며 타민족을 경멸하는 경향이 강해졌다.

바르바로이는 이곳을 떠나라!

※2 '알 수 없는 언어를 쓰는 사람'을 뜻함

같은 민족이라는 인식을 이어갔다. (올림픽의 기원)

또 4년에 한 번씩은 올림피아 제전을 개최해

헤르메스
(머큐리)
전령의 신

아테나
지혜의 신

제우스
신들의 왕
하늘의 신

아폴론
광명의 신

포세이돈
바다의 신

다신교를 믿었던 고대 그리스인들은
올림포스의 12신을 비롯해 수많은
인간적이고 개성적인 신들을 숭배하며
다양한 신화를 만들어 냈다.

아프로디테
(비너스)
미와 사랑의 신

디오니소스
(바쿠스)
술과 풍요의 신

이러한 신들의 이름과 신화는
우리나라에도 많이 알려져 있다.

【아킬레스건】
치명적인 약점을 말함. 불사신이자 트로이 전쟁의
영웅인 '아킬레우스'가 유일한 약점인 발뒤꿈치에
화살을 맞아 죽었다는 신화에서 비롯됨

푸
욱

아킬레스건

【판도라의 상자】
태초에 세상에는 그 어떤 '해악'도 존재하지 않았는데,
어느 날 신들의 왕인 제우스가 최초의 인간 여성인
'판도라'에게 열어서는 안 된다는 경고와 함께 상자를 선물함.
끝내 판도라는 호기심을 참지 못해 상자를 열어봤고
그 안에 있던 범죄, 빈곤, 질병 등의 해악이 온 세상에 퍼짐.
상자 바닥에는 오직 '희망'만이 남아 있었다고 전해짐

호메로스※
《일리아스》/《오디세이아》
(기원전 8세기경)

헤시오도스
《신통기》(기원전 7세기경)

고대 그리스에는
의례를 관장하는
신관·사제는 있었지만
따로 성경은 없어서

신들과 인간의 이야기를
시의 형식으로 표현한
'서사시'로 전했다.

※ 호메로스가 실존 인물인지, 두 작품의 단독 작가인지에 대해서는 이견이 있음

공물을 바치는 등
종교 의식을 행했다.

각 폴리스의 구성원들은
함께 신전을 세웠고

이 중
수직 기둥의
맨 윗
부분에서
그림과 같은
세 가지
건축 양식을
볼 수 있다.

신전의
기본 구조는
수평 들보와
수직 기둥으로,

〈후기〉
섬세한 코린트식
(기원전 4세기 이후~
로마 때까지)

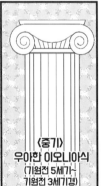

〈중기〉
우아한 이오니아식
(기원전 5세기~
기원전 3세기경)

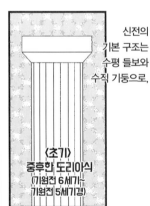

〈초기〉
중후한 도리아식
(기원전 6세기~
기원전 5세기경)

너도 내년부터는 훈련장에 들어가니 이번 기회에 제대로 살펴보거라.

'아이아스', 오늘은 영지를 시찰하러 가자꾸나.

기원전 450년경 스파르타의 어느 마을

이오니아인이 아티카 반도에 세운 '아테네'와

당대에 형성된 폴리스 중에서는

아테네

스파르타

도리아인이 펠로폰네소스 반도에 세운 '스파르타'가 대표적이었다.

네, 아버님!

아버님, 저 사람들은 누구인가요?

스파르타 시민은 그릇 만드는 일을 못 하게 되어 있지 않나요?

※ '주변에 사는 사람들'이라는 뜻

이들은 의무적으로 전쟁에 참여하고 세금을 납부해야 했으나 정치에 참여할 수 있는 권리(참정권)는 주어지지 않았다.

음, 그래. 저들은 페리오이코이라는 이들로, 시민 계급이 아니다.

스파르타의 세력이 넓어지자 주변 지역 사람들은 스파르타에 종속돼 '페리오이코이'*라고 불리는 반자유민으로 살아갔다.

저기 보이는구나.

우리 영지다.

그래, 올해 수확은 어떻지?

예.

예상한 만큼 수확될 것 같습니다.

그래? 다행이로군.

주인님, 어서 오십시오. 안녕하십니까.

우리 스파르타 시민의 땅에서 농사를 짓고 수확물의 일부를 바치며 살아가지.

아니, 이들은 '헤일로타이' (노예)란다.

아버님, 여기서 농사를 짓는 이들도 페리오이코이 인가요?

이 노예들의
노동력에 의존해
운영되었다.

스파르타 사회는
1만 명도 채 되지 않는
시민들이 몇 배나 되는
비도리아인 노예를
지배하는 구조로

스파르타
시민들은
이들에게 토지를
경작하고
그 수확물을
바치게 했다.

헤일로타이는
페리오이코이보다
낮은 계급으로

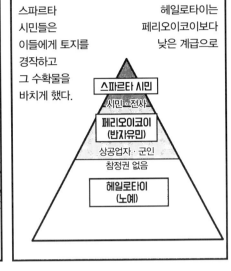

스파르타 시민
시민 · 전사

페리오이코이
(반자유민)
상공업자 · 군인
참정권 없음

헤일로타이
(노예)

아이아스,
너도 내년부터는
착실하게 훈련에
임하도록 해라!

우리 스파르타의
시민이라면
매일매일
전투 기술을
갈고 닦아
항상 만일의
경우에 대비해야
한단다.

스파르타의
남성 시민들은
7살이 되면
부모 곁을 떠나
집단 생활을 했다.

네!
아버님!

남성들은
20 살이 되면
어엿한 병사로서
군에 입대하며,
30 살까지
집단 생활을 했다.

이것이 바로
오늘날에도 사용되는
'스파르타 교육'의
어원이다.

스파르타는
육체적, 정신적 고난을
견딜 수 있는 우수한
전사를 기르기 위해
엄격한 집단 훈련을
시행했는데

쏴아아아아아……

기원전 436년

떨어
지지
마!

꽉
잡아라!
아이아스!

으아
아아
아!

철——

쏵

예!

철

아이아스 20살

트라키아^{※1} 출신인데 아버지가 하인으로 쓰려고 사 오셨어.

그래, 아! 이 자는 우리집 노예야.

포키온 님.

마님께서 시키신 물건이 있어 시장까지 같이 가도 될까요?

오늘은 아테네를 소개해 줄게.

※1 발칸 반도 남동부 지금의 불가리아 주변

아테네에서는 집집마다 노예를 재산으로 소유하고 집안일과 농사일을 시키고 있어.

그래, 시장 에서.

사 오셨다 …?

훗날의 로마와 달리 고대 그리스의 노예는 해방되어도 시민이 될 수는 없었다.

가내 노예 외에도 광산 등지에서 참혹한 노동에 시달리는 노예도 있었다.

아테네는 폴리스 중에서도 노예제^{※2}가 가장 발달돼 있었는데,

※2 전성기 때 아테네의 총 인구수는 약 25만 명. 그 중 노예는 약 8만 명

스파르타는 타국과의 왕래를 엄격하게 제한하고 있어. 그래서 상업이 발달하지 않은 건가?!

자, 여기가 바로 아테네의 '아고라(광장)'야.

이, 이건 스파르타와는 딴판이군! 이렇게 변화하지 않아서 가게도 별로 없는데….

고대 그리스의 각 폴리스에는 정치·경제·생활의 중심지인 아고라가 있었는데,

아고라에서는 시민들의 집회와 재판 등이 이루어졌다.

아고라(광장)

다들! 주목해 주시오!

이곳에서는 민회*가 개최되지.

짝 짝 짝 짝
잘한다!

그러니 우리의 의견에 더욱 귀를 기울여야 한다고 생각하오!

육지에서 목숨을 걸고 싸우는 우리 중장보병이야말로 아테네의 승리에 공헌하고 있소!

옳소! 옳소!

민회장

※ 시민 중 성인 남성만 참여할 수 있는 정기 집회

아테네에서는 시민 계급의 성인 남성 이라면 누구나 정치에 참여할 수 있어.

곧 상업이 발전하고 부유한 시민이 생겨나면서 평민들도 값비싼 장비를 맞출 수 있게 되었다.

고대 그리스에서는 병사들이 사비를 들여 장비를 맞추고 전투에 참여하는 것이 원칙이었으므로 군대의 주력은 말을 탄 귀족들 이었지만,

평민들의 발언권이 강해졌다.

그리고 평민 계급인 중장보병들이 갖춘 '밀집대형(팔랑크스)'이 점차 전투를 주도하면서

와아아 아아아

옳소!
옳소!

또 당시 아테네는
해군력이 강해서
하층 시민들로
구성된 뱃사람들의
발언권도
강했다.

우리는 비록
가난하지만,
우리 의견은
더 존중
받아야 하오!

아니!
최근에
활약한 건
우리
뱃사람
들이오!

삼단노선을
타고
해전을
주도하고
있지 않소!

이렇듯 시민들이 직접 정치에
참여하는 정치체제를
'직접민주정'이라고 한다.

본래 아테네는
귀족정으로 운영되었으나
점점 평민의 발언권이
강해지면서 민주정이
형성되었다.

장로회

그러니
잘
부탁하네!

페리
오이코이는
당연히
참여할 수
없고….

있긴 한데
남성
시민의
수가 극히
적으니까.

음?
스파르타
에는
민회가
없어?

아테네에서는
이토록 많은
이들이 정치에
참여하는 건가!
놀라워…

게다가
장로회의
발언권이
강해.

알겠
습니다!

정치에 참여하게 해달라—!!

지금으로부터 백 년 전쯤 정치를 좌우하던 귀족들과 정치에 참여하고 싶어 하던 평민들 사이에 대립이 있었는데,

'솔론'이라는 정치가가 그 대립을 진정시켰어.

기원전 594년 솔론의 개혁으로 신분이 아닌 토지·재산의 많고 적음에 따라 참정권이 부여되었고 이로써 일부 평민들도 정치에 참여할 수 있게 되었다.

솔론

재산을 가진 시민이 정치에 참여하는 건 당연한 일입니다.

뭐, 아테네도 오랜 역사에 비하면 민주정이라는 정치체제가 생긴 건 최근의 일이니까!

중소 농민을 지원하고 상공업을 지원하는 등의 선정을 펼쳐 훌륭한 인물로 평가받았다.

기원전 6세기 중반 초대 참주 '페이시스트라토스'는 비록 참주정으로 나라를 다스렸으나

페이시스트라토스

농업과 상공업을 중시합시다!

오히려 가난한 농민들의 발언권이 커져서

민주정을 지탱하는 '시민단'의 토대가 되었지.

'참주'※1들이 정치를 도맡아 하던 시대도 있었지만,

우리가 아테네를 지탱하고 있다네!!

그 후로는 독재를 막기 위한 제도가 생겨났어.

그리고 기원전 508년 정치가 '클레이스테네스'는 출신지를 바탕으로 시민단을 재편성하는 개혁을 통해 귀족의 힘을 꺾고 민주정의 기초를 구축했다.

【도편추방제(오스트라키스모스)】
시민들이 참주가 될 가능성이 있는 인물을 판단해 그의 이름을 도자기 파편에 적고 이름이 많이 나온 자를 추방하는 제도

도자기 파편
(오스트라콘)

OEM 280AI SE NEOKLEOZ

귀족의 힘을 누르고 진정한 민주정을 지향하자!

클레이스테네스

여성

참정권

외국인

시민권·참정권

하지만 이렇게 민주정이 발전한 아테네에서도 노예와 외국인[2]은 시민이 될 수 없었고 정치에 참여할 수 없었다.

또 여성 역시 시민이라 할지라도 참정권이 주어지지 않았다.

※2 다른 폴리스의 그리스인도 포함됨

저기가 바로 아테네의 자랑인 아크로폴리스야!

정말 아름답고 화려한 신전*이군!

저 커다란 신전이 바로 아테네의 수호신 아테나 님을 모시는 '파르테논 신전'이지.

※ 오늘날에는 하얀 대리석으로 남아 있지만, 최근의 연구에 따르면 당대에는 색이 칠해져 있었을 것으로 추정됨

페르시아 전쟁은 기원전 5세기 중반 아케메네스조 페르시아와 그리스 연합군 사이에 일어난 일련의 전쟁을 말한다.

그래서 지금은 '페이디아스'라는 유명한 조각가가 감독을 맡아 보수하고 있지.

'페르시아 전쟁' 때 페르시아 놈들이 부수고 갔었어.

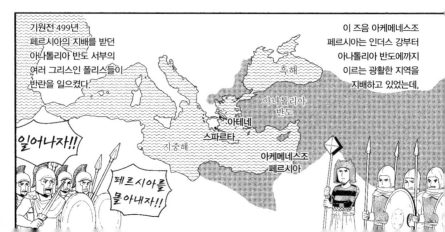

기원전 499년 페르시아의 지배를 받던 아나톨리아 반도 서부의 여러 그리스인 폴리스들이 반란을 일으켰다.

이 즈음 아케메네스조 페르시아는 인더스 강부터 아나톨리아 반도에까지 이르는 광활한 지역을 지배하고 있었는데,

일어나자!!

페르시아를 몰아내자!!

흑해

아나톨리아 반도

아테네

스파르타

지중해

아케메네스조 페르시아

반란을 진압한 페르시아의 샤한샤 '다리우스 1세'는 그리스를 토벌하기 위해

기원전 490년 봄 그리스 본토로 대규모 원정군을 보냈다.

으, 두고 보자!

그리스를 정복해 주마!

다리우스 1세

페르시아 전쟁…. 강적인 페르시아를 상대로 격렬하게 싸웠다고 들었어.

맞아. 그때는 그리스 각지의 폴리스들이 연합해 전쟁에 나섰다고….

스파르타도 참여 했었다지?

기원전 480년 헬라스 연합의 일원이었던 스파르타군은 국왕과 함께 테르모필레 전투에서 전멸했다.

와, 정말? 헬레네스의 영웅이셔!

페르시아 전쟁 이야기는 나도 아버지께 여러 번 들었지. 우리 할아버지께서는 테르모필레 전투에 나가 '레오니다스' 전하와 함께 끝까지 싸우다 전사하셨다더군.

이후 아나톨리아 반도에서는 기원전 5세기 중반까지 전투가 이어졌지만, 페르시아군이 그리스 본토를 침입하는 일은 없었다.

같은 해에 일어난 살라미스 해전과 이듬해에 일어난 플라타이아이 전투를 거쳐 전쟁은 그리스의 승리로 기울어졌다.

그러나 이들의 용맹함은 이상적인 전사의 모습으로 여겨져 헤로도토스의 책 『역사』 등을 통해 후세에까지 전해졌다.

이 전쟁을 통해 아테네는 그리스 세계 내에서 높은 평가를 받게 되었다.

페르시아 전쟁은 기원전 449년 칼리아스 조약*이 체결되면서 그 막을 내렸다.

※ 하지만 이 조약의 존재를 의심하는 의견도 있음

델로스 동맹은 페르시아에 대항하기 위해 기원전 478년부터 1년간 에게해의 섬들과 그 연안에 있는 폴리스들이 맺은 동맹을 말한다.

페르시아 전쟁 당시 아테네는 주변 폴리스를 설득해서

'델로스 동맹'을 결성했었지.

지금도 페르시아는 바다 건너편에서 그리스를 노리고 있어.

그때는 이겼지만 ….

으악~

허락 못해!! 탈퇴는

확실히… 근래 들어 아테네는 폴리스들의 내정에 간섭하고

동맹에서 탈퇴하려는 폴리스들을 탄압하고 있어.

델로스 동맹의 맹주로서

최근의 아테네는 좀 너무하지 않나…

갈수록 아테네의 입김이 강해졌다.

동맹에 참여한 폴리스들은 각각 독립적인 지위였지만,

어쩐지 좀…

아테네

우리 아버지께서는 아테네가 델로스 동맹을 자기 소유인 것처럼 여기면서 폴리스들을 속국으로 삼고 있다고 비난하시지.

내가 생각해도 너무한데….

폴리스들에게서 군자금을 뜯어내 횡령하기도 하고….

이러다 전쟁이라도 나는 건 아닌지….

아테네와 스파르타의 갈등은 점점 심해지고….

아테네만큼 혹독하게 대하지는 않으니까 말이야.

스파르타도 펠로폰네소스 동맹의 맹주를 맡고 있지만,

기원전 5세기 후반 아테네는 동맹 내의 폴리스들에 강하게 간섭해 실상 제국에 가까워져 있었다.

아테네

돈 돈 돈 돈

설령 그것이 우리의 자랑인 '페리클레스' 장군께 반대하는 일이 될지라도.

이제 틀렸다고 느껴지는 무언가가 있다면 두려워하지 않고 말해보려고.

아이아스, 나는 너를 만나 지금의 아테네를 돌아볼 수 있었어.

고맙다, 포키온. 스파르타로 돌아가도 너를 잊지 않으마.

조심해서 돌아가야 해.

그는 아테네의 민주정을 강화하고 민회를 최고 의결기관으로 삼아 직접민주정을 완성했다.

이 시기 아테네의 지도자는 페리클레스라는 인물로 기원전 443년 장군으로 취임한 그는 실권을 잡아 사실상 군주가 되었다.

민회에서 의견을 말해 정치에 참여할 수 있으니까!

나 같은 일개 시민도 민주정인 아테네에서는

페리클레스

그래도 너와의 대화를 통해 우리가 서로 이해할 수 있을 거라는 희망이 생겼지.

새삼 스파르타와 다른 폴리스의 차이를 알게 되었다.

나도야, 포키온.

스파르타에 돌아가면 아테네의 좋은 점을 모두에게 전하지!

내 생각도 같다!

아테네와 스파르타 사이에 많은 일이 있었지만 우호적인 관계가 되면 좋겠어!

언젠가 다시 만나자!

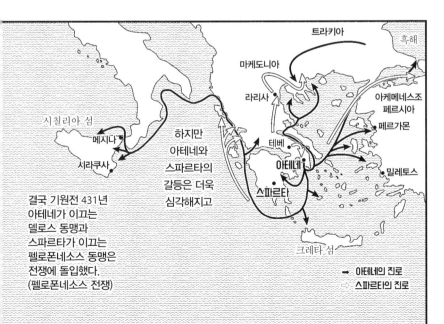

트라키아

흑해

마케도니아

라리사

아케메네스조 페르시아

시칠리아 섬

메시나

시라쿠사

하지만 아테네와 스파르타의 갈등은 더욱 심각해지고

테베

아테네

스파르타

페르가몬

밀레토스

결국 기원전 431년 아테네가 이끄는 델로스 동맹과 스파르타가 이끄는 펠로폰네소스 동맹은 전쟁에 돌입했다. (펠로폰네소스 전쟁)

크레타 섬

➡ 아테네의 진로
⇨ 스파르타의 진로

꼬
아
악

와— 와아—

물러서지
마라!
전진, 전진!

와
와
와

포키온…
어쩌면
이들 중에
포키온이
…

아….
아이아스, 아이아스!
난 너와 싸우고
싶지 않아!

챙

강력한 지도자였던
페리클레스는
뛰어난 지휘관
이기도 했다.

하지만 그랬던
그가 역병으로
숨을 거두자
아테네 측은
점점 열세에
몰리게 되었다.

결국 기원전 404년 아테네는 페르시아와 결탁한 스파르타 측에 항복했다. 그렇게 펠로폰네소스 전쟁은 끝을 맞이했다.

아테네를 멸망시키려는 악마의 사자를 용서하지 마라!

지휘관이 스파르타와 내통하고 있다!

여기에 '선동가(데마고그)'*들이 나타나 시민들을 선동하면서 아테네는 내부의 정치 상황까지 혼란스러워졌다.

배신자를 죽여라!

※ 대중을 선동하는 뜬소문, 가짜 뉴스를 뜻하는 '데마'의 어원

기원전 4세기에 들어서고 얼마 지나지 않아 폴리스들이 스파르타의 압제정치에 반발하기 시작했다.

그 후 승리한 스파르타가 그리스 세계의 패권을 쥐었지만,

이 즈음 아테네 북서쪽의 폴리스인 테베에는 두 명의 뛰어난 지도자가 등장했는데…

기원전 371년 이들의 지휘 아래 테베는 레우크트라 전투에서 스파르타에 승리했다.

테베
아테네
스파르타

펠로피다스

에파메이논다스

【폴리스 사회의 변천】

폴리스 사회의 발전
↓
민주정의 완성
↓
폴리스 사회의 몰락

폴리스 사회

민주정의 기초 확립

클레이스테네스의 개혁
(기원전 508년)

페르시아 전쟁
(기원전 500년[※1]~기원전 449년)

살라미스 해전
(기원전 480년)

델로스 동맹
(기원전 478년경)

아테네의 번영

페리클레스 시대

아테네의 제국화

펠로폰네소스 전쟁
(기원전 431년~기원전 404년)

스파르타의 패권

레우크트라 전투(기원전 371년)

테베의 패권

※1 실제로 전투가 시작된 것은 기원전 492년 페르시아군의 원정 때부터

한편 스파르타를 무찌른 테베는 그리스 세계의 패권을 쥐었지만

두 명의 지도자가 죽은 뒤 오래 지나지 않아 쇠퇴했다.

이 패배로 인해 영토의 반을 잃은 스파르타는 빠르게 저물어 갔다.

후훗

잘한다! 잘한다!

와—

와—

와—

와—

한편 그리스가 극도로 혼란스럽던 이 시기 북방에서는 마케도니아가 점점 영향력을 키워갔다.

전쟁이 계속되고 농지가 황폐해지자 빈곤해진 많은 하층 시민들이 폴리스를 떠났고

시민만으로는 군대를 구성하기 어려워진 폴리스들은 용병을 운용하게 되었다.

후후후...

고대 마케도니아인은 그리스계 민족으로 추정되는데,

이들은 기원전 7세기 중반 도시국가가 아닌 왕국을 세웠다.

그리고 기원전 4세기 중반에 들어 크 세력이 강해졌다.

남쪽의 폴리스들은 계속 서로 싸우면서 약해지고 있군.

필리포스 2세
마케도니아 바실레우스[2]

※2 마케도니아의 군주 칭호

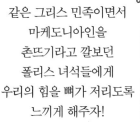

같은 그리스 민족이면서 마케도니아인을 촌뜨기라고 깔보던 폴리스 녀석들에게 우리의 힘을 뼈가 저리도록 느끼게 해주자!

큭, 그에 비하면 우리 마케도니아의 군대는 날이 갈수록 강해지고 있다!

나도 빨리 아버지와 함께 싸우고 싶다!

예!

제군들! 전쟁을 준비하라!

하지만 그 전에 정치, 논리, 철학 등 배우셔야 할 학문이 많습니다.

저하께선 분명 훌륭한 국왕이 되실 겁니다.

아리스토텔레스는 기원전 343년경부터 마케도니아의 왕자인 알렉산드로스 3세의 가정교사를 맡고 있었다.

'아리스토텔레스' 선생님!

'알렉산드로스' 저하, 조급해 하실 필요는 없습니다.

아리스토텔레스 철학자

플라톤 스승님은 위대한 철학가셨습니다.

모든 것이 변해가는 이 세상에도 '진(眞)'과 '선(善)'이라는 변하지 않는 진리(이데아)가 존재한다고 주장하셨죠.

선생님께선 그 유명한 '플라톤' 선생님의 제자셨죠?

플라톤 선생님께서는 어떤 분 이셨습니까?

영원히 변하지 않는 것…. 그것이 바로 이데아라네.

플라톤

플라톤 스승님께 큰 영향을 주신 분은 그분의 스승이신 '소크라테스' 님입니다.

소크라테스 님께서는 절대적인 진리가 존재한다고 생각하셨고,

또 사람 간의 대화를 통해 '스스로의 무지함을 깨닫는 것'이 중요하다고 가르치셨죠. (무지의 지)

나는 생각한다. 나는 무지하다.

소크라테스

두 분이 활동하실 때는 정치와 재판을 위해 변론술을 가르치는 '소피스트'[*1]들도 있었는데,

대표적으로 '프로타고라스' 님이 있으시죠.

인간은 만물의 척도다.

프로타고라스

※1 '지혜로운 자, 현명한 자'라는 뜻이었으나 시간이 흐르며 '궤변가'라는 뜻으로 사용됨

나와 좀 더 대화를 나누어야겠소!

무지의 지! 더 깊게 생각해야 하네!

그건 궤변이오! 그대는 진리를 모르오!

소크라테스 님과 플라톤 스승님은 소피스트의 지혜를 독약수로 간주하고 비난하셨습니다.

그 이후 플라톤 스승님께서는 아테네에 '아카데미아'[*2]라는 학원을 열었습니다.

그럴 수가…. 사형이라니. 소크라테스 님은 감옥에서 돌아가셨죠.

그러나 아테네의 시민들 중에는 민주정을 비판하는 소크라테스 님을 싫어하는 이들이 많았고, 결국 재판을 통해 사형이 결정되었습니다.

독살형

사형

※2 고등 교육기관, 과학 · 예술 등의 전문기관 · 단체를 의미하는 '아카데미'의 어원

모든 것은 수로 증명할 수 있다.

바로 '피타고라스'※ 님입니다.

맞습니다. 또 만물의 근원을 '수(數)'라고 생각한 분도 계시죠.

흠, 그 물은 샘물이나 강물을 말하나요?

아차차, 빼먹을 뻔 했군요. 먼 옛날 '탈레스'라는 분께서는 '물이야말로 만물의 근원'이라고 주장하셨습니다.

$C^2 = a^2 + b^2$

만물의 시작과 끝은 모두 물이오.

탈레스

피타고라스

※ '피타고라스의 정리'로 유명한 수학자

'원자(아톰)'라고 주장한 데모크리토스 님 등이 있습니다.

파이어-!

만물의 근원은 아톰이다!

그 밖에도 '불'이라고 주장한 헤라클레이토스 님.

데모크리토스

헤라클레이토스

그 밖에도 연극이나 역사 등 다양한 분야에서 많은 문화인들이 활약했죠.

【연극】　아테네 3대 비극 작가
　　　　　・'아이스킬로스' / 《아가멤논》
　　　　　・'에우리피데스' / 《메데이아》
　　　　　・'소포클레스' / 《오이디푸스왕》

　　　　　희극 작가
　　　　　'아리스토파네스' / 《여자의 평화》

【역사】　・'헤로도토스' / 『역사』
　　　　　(주로 페르시아 전쟁을 기록함)
　　　　　・'투키디데스' / 『펠로폰네소스 전쟁사』

전하! 큰일 입니다!

아테네와 테베가 우리 측에 맞서 동맹을 맺었다고 합니다!

필리포스 2세는 강력한 군사력을 토대로 차근차근 주변 지역을 점령해 나갔다.

폴리스들은 이러한 마케도니아의 움직임에 큰 위협을 느꼈다.

뭐라! 카이로네이아는 교통의 요충지다!

폴리스 연합군이 카이로네이아에서 우리 군을 요격했다는 소식입니다!

좋다! 네게 맡기마!

알렉산드로스….

제가 격퇴해 보겠습니다! 기병 부대의 지휘권을 주십시오!

아버지!

기원전 338년
카이로네이아

마케도니아군 약 3만 4천 명과
아테네와 테베를 중심으로 하는
폴리스 연합군 약 3만 5천 명이
격돌했다!
(카이로네이아 전투)

특히 알렉산드로스가
2천 명 규모의
기병을 이끌고
테베의 정예군을
격파한 공이 컸다.

전력은 비슷했으나,
잘 단련되고 뛰어난 전술을
구사한 마케도니아군이
폴리스 연합군을 압도했다.

필리포스 2세는
스파르타를 제외한
모든 폴리스를 모아
코린토스 동맹을
만들고 이를 이용해
폴리스들을 지배했다.

이제
그리스 전역은
우리
마케도니아의
손아귀 안에
있다!

장하다,
아들아!

보았느냐!
마케도
니아의
힘을!

핫 핫

핫 하

코린토스 동맹

기원전 336년 봄 필리포스 2세는 페르시아로 선발대를 보냈다.

제군들이여!

드디어 다음 상대는 강대국 페르시아다!

하지만 그는 그해 여름 옛 수도인 아이가이에서

측근 귀족에게 암살당하고 말았다.

아버지…!

그렇게 기원전 336년 '알렉산드로스 3세'가 마케도니아의 바실레우스로 즉위했다.

아버지의 뜻은 제가 이어받겠습니다!

마케도니아를 더 크고 강한 나라로 만들겠습니다!

67

전하, 페르시아의 군대는 강합니다!

헤파이스티온 장군

기원전 334년 봄

드디어 아버지의 유지를 이어 대국 페르시아에 도전할 때가 왔다!

그는 즉위 직후 국내에서 일어난 반란을 진압하고, 뒤이어 그리스의 폴리스들이 일으킨 반란을 제압했다.

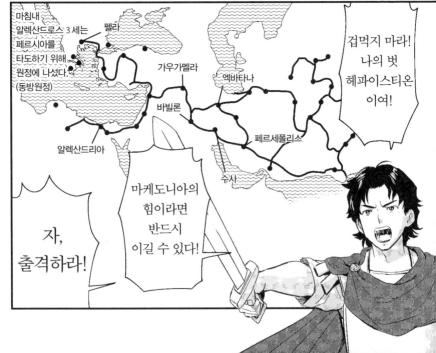

마침내 알렉산드로스 3세는 페르시아를 타도하기 위해 원정에 나섰다. (동방원정)

펠라

가우가멜라

엑바타나

바빌론

페르세폴리스

알렉산드리아

수사

겁먹지 마라! 나의 벗 헤파이스티온이여!

마케도니아의 힘이라면 반드시 이길 수 있다!

자, 출격하라!

오오 오 오오오···

기원전 333년
가을
이수스

전군
돌격하라!

와아ー!!

마케도니아
애송이 녀석!
본때를
보여주마!

다리우스 3세
페르시아 샤한샤

이야 아 압!!

좌 악

괜찮다!
나를
따르라!

괘, 괜찮
으십니까
전하!

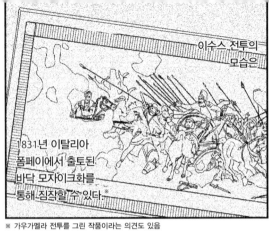

이수스 전투의 모습은

1831년 이탈리아 폼페이에서 출토된 바닥 모자이크화를 통해 짐작할 수 있다.※

젠장, 물러나라! 후퇴한다!

와 와

다그닥 다그닥

※ 가우가멜라 전투를 그린 작품이라는 의견도 있음

그 당시 알렉산드로스 3세가 이집트에 건설을 명령했던 도시 '알렉산드리아'는 오늘날에도 남아 있다.

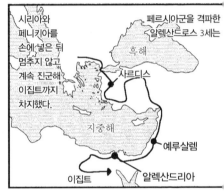

시리아와 페니키아를 손에 넣은 뒤 멈추지 않고 계속 진군해 이집트까지 차지했다.

페르시아군을 격파한 알렉산드로스 3세는

흑해

사르디스

지중해

예루살렘

이집트

알렉산드리아

기원전 331년 봄 알렉산드로스 3세는 페르시아와 결착을 내기 위해 다시 진군했고

척 척 척

그해 가을 가우가멜라 땅에서 페르시아의 대군과 격돌해 완승을 거두었다.

전하,
전하야말로
'아시아의 왕'
이십니다.

바빌론 사람들은
알렉산드로스 3세를
환영했다.

와—
와—
와—
와—

같은 해 10월
알렉산드로스 3세는
바빌론에 입성했다.

우리는
신들께만
예의를
갖추는데,
큭큭!

염치도
없다.

페르시아
관료들이
엎드리는
꼴 좀 보게.

마케도니아인 신하

그대들에게
행정을 맡기겠네.

알렉산드로스 3세는
이때 페르시아
관료들의 지위를
유지해주었는데,
이후로도 정복지의
현지 관료에게
행정을 위임했다.

네—
네—
네—

가, 감사
합니다!
대왕님!

앞으로도
착실하게
일해주길
바라네.

5월에는 불을 질러 웅장하고 화려했던 궁전을 모조리 불태워버렸다.

이어 기원전 330년 1월에는 또 다른 수도 페르세폴리스를 점령하고 신가지를 약탈했으며

그 후 알렉산드로스 3세는 페르시아의 수도 수사를 점령했다.

그러한가. 참으로 대단한 군주였는데 ….

전하, 다리우스 3세가 부하들에게 살해당했다고 합니다.

이 무렵 다리우스 3세는 옛 수도였던 엑바타나로 겨우 피신했지만

알렉산드로스 3세의 침공에 동참한 페르시아 귀족들에게 죽임을 당했다.

시신을 정중하게 거두어라.

예!

그렇게 기원전 330년 아케메네스조 페르시아는 역사의 뒤안길로 사라졌다.

더 동쪽으로 향한다!

아니, 나의 꿈은 이것으로 끝이 아니다!

예~!?

전하! 이제 당당하게 마케도니아로 돌아갈 수 있겠습니다!

아버지! 마침내 페르시아를 정복했습니다!

그곳에도 알렉산드리아라는 이름의 도시들을 건설했다.

【알렉산드리아】

알렉산드로스 3세는 다시 중앙아시아로 진군해

오늘날의 아프가니스탄, 파키스탄 지역을 정복하고

전하께서는 마케도니아의 바실레우스가 아니십니까?!

의상도 예식도 모두 페르시아 식이고….

근래의 전하는 마치 페르시아의 샤 같습니다!

알렉산드로스 3세는 이때부터 본격적으로 동서양 융합 정책을 펼쳤는데,

페르시아식 궁중 의례를 도입하고, 현지 관료를 등용하는 식이었다.

이에 마케도니아 출신 신하들은 점점 불만이 쌓여갔다.

나는 이제 마케도니아와 그리스를 초월한 동방의 왕이자 아시아의 왕이다!

어리석은 놈들!

정복지의 백성들에게 내가 왕이라는 사실을 알기 쉽게 드러내기 위함이다!

페르시아 방식을 취하는 것은

아직이다…!

더 동쪽으로 향한다!

그리고 마침내 기원전 326년 5월 인더스 강을 건너 인도에 들어섰다.

와

와

와

와

마케도니아군은 코끼리 부대를 이끄는 현지 군주들과의 전투에서 간신히 승리했다.

모두 들으라! 인도의 넓은 땅이 우리를 기다리고 있다!

인더스 강

인더스 강 중류에 위치한 펀자브 지역에는 몇 개의 소국이 세워져 있었는데.

74

다들 지쳤겠지만 꺾여서는 안 된다!

한 발짝 내디딜 힘도 없습니다.

더 이상은 불가능합니다. 수사로 돌아가시지요.

분명 오늘은 이겼습니다. 그러나 병사들을 좀 보십시오.

전하….

이 앞에는 갠지스 강, 그리고 더 풍요로운 대지가 펼쳐져 있다!

기원전 326년 여름 알렉산드로스 3세는 철수를 결심했다.

알겠다. 일단은 물러나도록 하지.

크윽…

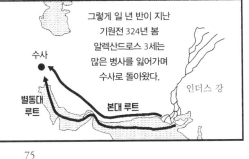

그렇게 일 년 반이 지난 기원전 324년 봄 알렉산드로스 3세는 많은 병사를 잃어가며 수사로 돌아왔다.

수사

별동대 루트

본대 루트

인더스 강

마케도니아군은 둘로 나뉘어 별동대는 배를 타고 인더스 강을 거쳐 바다로 향했고,

본대는 아라비아해를 따라 사막을 가로질러 진군했다.

정복지를 다스리기 위해 현지 관료들을 등용해왔지만 그들에게만 맡길 것이 아니라 마케도니아 신하들과 함께 통치해야 나라가 안정될 거야. 그러기 위해선…

알렉산드로스 3세는 광활한 영토를 안정적으로 다스리기 위해 페르시아인을 비롯한 동방의 원주민들과 지배층인 마케도니아인을 융합하는 쪽으로 정책을 전환했다.

물론 나도 원주민을 아내로 맞이해야지!

번쩍

마케도니아인과 원주민 여성이 결혼하는 건 어떨까?!

기원전 323년 알렉산드로스 3세는 다시 바빌론으로 진군했다.

다시 진군한다!

좋아! 이것으로 급한 불은 꺼졌다!

아, 아니다. 신경 쓰지 마라…

털썩

전하!

전하, 괜찮으십니까? 안색이 …

함대 준비는 순조롭습니다. 당장이라도 출항을….

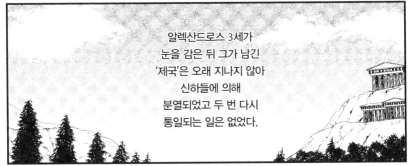

[잠깐!] 제1장에 등장하는 '아이아스'와 '포키온'은 역사에 실존하는 인물이 아닙니다.

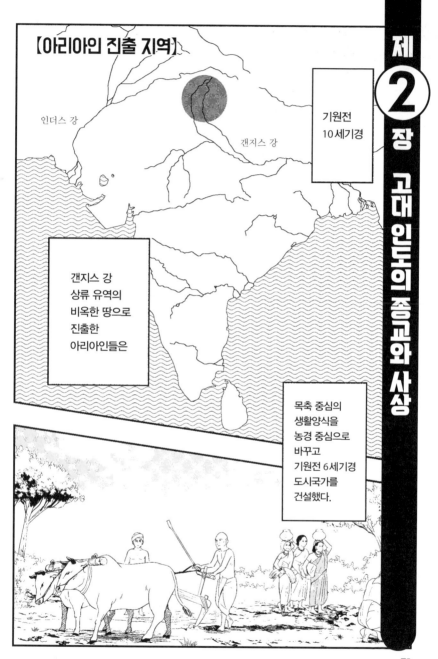

【아리아인 진출 지역】

인더스 강

갠지스 강

기원전
10세기경

갠지스 강
상류 유역의
비옥한 땅으로
진출한
아리아인들은

목축 중심의
생활양식을
농경 중심으로
바꾸고
기원전 6세기경
도시국가를
건설했다.

이 국가들 중에는 철 산출지에서 가까워 압도적인 무력을 갖출 수 있었던 마가다가 가장 강력했다.

와아아아!!

이후 수많은 소국이 하나의 대국으로 통합되어갔다.

곧 이들은 땅을 개간하고 관개 수로를 정비했는데, 이에 따라 농업 생산량이 늘어나면서

갠지스 강 중류에도 여러 소도시가 만들어졌다.

코살라

밧사

마가다

아반티

이윽고 이 소도시들 중에 코살라, 마가다, 밧사, 아반티가 큰 세력을 지닌 '국가'로 성장했다.

브라만
(제사장)

크샤트리아
(왕족·군인)

바이샤
(평민)

수드라
(예속민)

【바르나 네 계급】

각국이 도시를
중심으로 발전하면서

각 도시의 번영은
왕족과 상인들이
지탱했다.

이들의 바르나(신분)는
브라만보다 아래인
크샤트리아와
바이샤였기 때문에

새로운 사상과
생활양식을
발전시킬
수 있었다.

브라만을
꼭대기로 하는
전통적인
사회질서에
구애받지 않고

시대는 크게
변하고 있었다.

80

기원전 6세기경부터 인도인들은 제사장 계급인 브라만이 행하는 제사를 중요하게 여기기 시작했다.

화ㄹㄹㄹ...

신이 시여.

이 사람이 천계에 환생할 수 있도록 도와주소서.

그러나...

그때까지의 믿음에 만족하지 못하고 의문을 품는 이들도 나타났다.

과연

정말 그럴까?

누구나 다음 인생은 천계에서 고통 없이 살길 바랐다.

신이 시여,

비나이다, 비나이다.

이들은 제사나 보시※ 등 선행에 힘쓴 사람은 죽은 뒤에도 천계에서 편안하게 살 수 있다고 여겼고

※ 불교의 수행법 중 하나로 '대가를 바라지 않는 기부, 봉사' 등을 말함

그렇게
천계에 가더라도
제사의 효력이
사라지면

이것이
바로
'윤회'다.

이는 환생 사상의
원형이기도 하다!

지상으로
돌아오게 된다는
믿음이 생겨났다.

이에 인도의 종교가들은
어떻게 해야 윤회에서
벗어날 수 있을지
고뇌했다.

언제까지나
계속되기에
고통으로 여겨졌다.

윤회는 브라만교의
철학서인 『우파니샤드』에
처음으로 등장했는데,

브라만으로 태어났음에도 농업과 상업에 종사하는 이들이 생겨났다.

왕족이 아닌데도 왕위에 오르거나

국가의 규모가 커지면서 전통적인 신분제가 흔들리기 시작했고,

이렇듯 사회의 모습이 변하자,

또 농업과 상업이 발전해 관련된 일을 하는 이들의 지위가 향상되었다.

사문의 설법은 단순하고 간략해서 알아듣기 쉽구면.

브라만의 가르침에 만족하지 못하고 새로운 가르침을 전파하는 종교가들이 등장했는데,

브라만들은 계급에 얽매여 제사만 지내고 있소!

'사문(沙門)'※이라고 불리는 이들은 브라만과 대립했다.

낡은 가르침만으로 우리를 질질 끌고 왔을 뿐이오!

※ '노력하는 사람'이라는 뜻

84

- **브라만식 『베다』 의례에 대한 부정**
  특히 희생 제물로 동물을 바치는
  의식을 부정함

- **바르나(신분)에 대한 부정**
  태생에 구애되지 않고 개인의
  사상을 추구함

- **이해하기 쉬운 평범한 말로 설법**
  브라만이 『베다』를 독점해
  난해하게 설명하는 것과는 대조적

※ 브라만교,
힌두교의
성경

사문의
많은 가르침
중에서도
다음 세 가지는
공통적이었다.

이 시대에 탄생한
다양한 사상을
불교 용어로
'육십이견(62개의 사상)'
이라고 한다.

바로 '불교'와
'자이나교'였다.

유력한
종교가 주위로
많은 제자들이
모여들었고
여러 종교 공동체가
만들어졌지만,

오늘날까지도
이어지는
두 종교가
있었으니…

바르다마나
자이나교의 창시자

고타마 싯다르타
불교의 창시자

불교의 창시자인
고타마 싯다르타는

오늘날의 인도와 네팔 국경 부근에 있던
작은 왕국에서 왕족·군인 계급인
크샤트리아 샤카족의 왕자로 태어났다.※

※ 붓다의 생년은 기원전 563년 혹은 기원전 463년경이라는
두 가지 설이 있으나 둘 다 불확실함

기다리고 있었네! 우리 왕자의 운세를 점쳐 보도록 하라!

전하, 점쟁이를 데려왔습니다.

그럼 얼굴을 뵙겠…

오오!

유아

아

마침내 내게도 후계자가 생겼구나!

이제 우리 일족도 평안하고 태평할 것이다!

슈도다나 국왕

꺄르륵 꺄르륵

하하하! 아무렴 그렇고 말고!

전하! 이 아이… 아니 왕자님께서는 위인이 되실 운명을 타고나셨습니다!

꺄륵 꺄륵 꺄륵 꺄륵

뭐…
뭐라고?!
왕이 되지 않는
미래도
존재한다는
것인가!?

세계를
대표하는
종교가
되실지도
모릅니다!

세계를
지배하는
대왕이
되시거나,

어쩌면
…

내 왕자에게
바깥세상을
보이지 말라!

그런 일이
일어나서는
안 된다!

왕궁에서 나가는
것만큼은 허락하지
않았다.

슈도다나는 아들인
싯다르타에게
부족함 없는 환경을
조성해주었지만

당신,
무슨 일
있으셨어요?

많이
울적해
보여요.

아니….
아무것도
아니에요.

시간이
늦었으니
먼저
쉬세요.

내게는
아내와
아이가
있다.

나는
왕자다!

아버님의
뒤를 잇는 것만
생각하면
된다…!

하지만…

인간은 죽음과
윤회로부터
도망칠 수 없다.

이 고통을…
어찌 해야
없앨 수 있단
말인가…?!

용서하시오…
용서해다오…

나는 왕이
될 수 없어!

싯다르타는
29살의 나이에
성을 빠져나와
출가※했다.

나는 인간이 고통에서 해방될 방법을 알고 싶다!

※ 수행을 위해 집을
떠나는 것을 말함

'깨달음'이란 번뇌를 없애고 영원한 진리를 얻는 것을 말한다.

아니! 벌써 이렇게 완벽한 명상을!

출가한 싯다르타는 수행을 시작했다.

명상하라. 그리하면 깨달음을 얻을 것이다.

나는 이제 아무것도 가르칠 것이 없네.

그대는 이미 나를 뛰어넘었소.

고행을 하면 알게 될지도 모른다!

더 엄격하게 수행해야 해!

그 무엇도 알 수 없었다.

당시에는 고행을 통해 초인적인 힘을 얻을 수 있다고 여겼다.

데굴 데굴 데굴 데굴

더, 더 괴로워야 해!

동물처럼 생활하는 거야!

온갖 고통들을 견뎌내겠어!

그래! 단식을 해야겠다!

몸에 고통을 주는 거야!

6년 뒤

싯다르타는 일부러 신체를 괴롭게 해서 깨달음을 얻고자 했다.

죽기
직전까지
스스로를
몰아넣어
보았지만…

그 무엇도
보이지
않았다.

고통을
견딘다 한들
아무 의미
없는 것이다.

찰
박

촤
아
아

아아, 이토록
성스럽다니
분명 숲의
신이실 거야.

괜찮다면
이 우유죽을
드셔주세요.

강가에 있는
큰 나무
아래에서
깊은 명상에
들어갔다.

싯다르타는
'수자타'라는
이름의 마을
주민이 내민
우유죽을 먹고
기운을
차린 뒤

고통을 버리기 위해서는

번뇌를 떨쳐내는 수밖에 없다.

어떻게 해야 이 세상에서 고통을 없앨 수 있을지 생각해 왔지만

고통은 사라지지 않았다.

애초에 이 세상의 모든 존재는 변하고

머물러 있는 것은 없으니 (제행무상)

집착하는 것, 즉 '번뇌' 그 자체가 고통의 원인 이었던 거야.

!!

번뇌를 끊어낸 경지…

이것이 열반※1 인가…

그렇군 …

※1 '생사를 초월해 진리를 깨달은 경지'라는 뜻으로, 불자가 지향하는 궁극적인 경지를 말함

붓다란
'깨어난 자'라는
뜻이다.

싯다르타는
35살의 나이에
진리를 깨닫고
'붓다(부처)'가
되었다.

그런
거였어…!

붓다의 주된
가르침으로는
중도, 사성제,
팔정도'가 있다.

왕후 귀족의
풍요 속에도
극한의
고통 속에도
해답은 없다.

붓다가 깨달음을
얻은 것을 기념해
이로부터 이 나무를
'보리수'※2라고
부르게 되었다.

※2 '보리(菩提)'란 '깨달음'을 말함.
즉 깨달음을 얻은 나무라는 뜻

97

적절한 중간의 길을 택하는 것이 옳다.

그 무엇이든 극단으로 치닫는 것은 그르다.

이것이 바로 '중도(中道)'이다.

부유한 집에 태어났지만 고뇌와 고통에서는 벗어날 수 없었다.

또 목숨을 걸고 수행해도

해답은 찾을 수 없었다.

고통은 없앨 수 있다.

인생은 고통으로 가득하지만,

멸성제	고성제
도성제	집성제

고통은 여러 원인이 모여 생기니

더 살고 싶어.

맛있는 걸 먹고 싶어!

이것이 바로 '네 개의 진리(사성제)'이다.

이를 막는 데 적절한 8가지 방법이 있다.

【팔정도】

정견	정사유	정어	정업
(正見)	(正思惟)	(正語)	(正業)
정명	정정진	정념	정정
(正命)	(正精進)	(正念)	(正定)

이것들이 바로
'팔정도(八正道)'
라고 하는
불교의 기본적인
가르침이다.

올바르게
관찰하고
올바르게
노력하는
8가지 방법을
통해 고통을
없앨 수 있다.

초기의 신자 중에는
왕족 · 상인 등
도시의 중상류층이
많았다.

붓다 님, 부디
저희 집에
계속 머물러
주십시오.

곧 붓다의 사상에
공감하며 따르고
깨달음을 얻고자
하는 이들이 모여
불교 교단을 형성했다.

바로
출발하겠
습니다.

한 곳에
머물 수는
없습니다.

이후 붓다는 45년이라는
길고 긴 시간 동안
도를 전하는 여행에
나섰다.

그중에서도
유명한 사찰은,

마가다에 지어진
'죽림정사'와

코살라에 지어진
'기원정사'이다.

우리 도시에
사찰을 세워
붓다 님께
설법을 부탁
드려야겠다.

내가 세운
사찰에서
수행을
하셨으면
좋겠어.

붓다가 여러 곳을
돌아다니며
가르침을 전하자
각지에 수행하는
장소인 '사찰'이
세워졌다.

붓다 님이
오신 기념으로
사찰을 지어
바치겠습니다.

어느날 붓다는
고향을 방문했다고
전해진다.

그렇게
라훌라도
출가했다.

아버지, 아니
붓다 님과
함께 살고
싶어요!

아아…
저도
출가하고
싶습니다!

'라훌라',
보렴.
저분이 너의
아버지란다.

시간이 흘러 80 살이 된 붓다는 여행 중에 몸 상태가 나빠져 사라쌍수 나무 그늘에 누워 쉬게 되었다.

마지막이 찾아오고 있던 것이다.

가르침을 의지하되 다른 것을 의지하지 말거라.

출석

흑흑...
흑흑...

자신을 의지하되 타인을 의지하지 말거라.

내가 사라져도 진리는 변하지 않는다...

이는 붓다 본인을 신격화하지 말고

깨달음의 경지를 목표로 한 사람 한 사람 자신의 수행을 계속하고 중시하라는 뜻이다.

스승님!

윤회에 매인 고통에서 완전히 해방된 것이다.

붓다의 나이 80살, 편안히 숨을 거뒀다.

교단의 '규칙(율, 律)'과 붓다가 살아있을 때 남긴 '가르침(경, 經)'을 확인했다. (제1회 결집)

붓다가 죽은 뒤 그의 모든 제자가 한데 모여, 붓다가 남긴 말이 다르게 해석되지 않도록

한편 붓다가 죽고 100년 정도 지났을 무렵 교단은 내부 갈등으로 인해 둘로 분열되었다.

이후로도 붓다의 규칙과 가르침이 집대성되면서 불전의 체계가 잡혀갔다.

그로부터 200년이 지나자 교단은 더 많은 갈래로 분열돼 있었다.

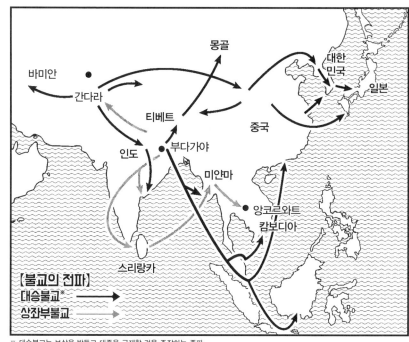

몽골
바미안
간다라
티베트
중국
대한민국
일본
인도
부다가야
미얀마
앙코르와트
캄보디아
스리랑카

【불교의 전파】
대승불교* →
상좌부불교 →

※ 대승불교는 보살을 받들고 대중을 구제할 것을 주장하는 종파.
  상좌부불교는 계율을 엄격하게 지킬 것을 주장하는 종파(3권 47쪽 참고)

6세기 중반 불교의 가르침은
중국 대륙과 한반도를 거쳐
일본 열도에까지 전해졌다.

불교는 중국인, 한국인,
일본인의 정신 사상에
큰 영향을 주었다.

불교는 아시아 각지로
퍼져 자리를 잡았지만,
아이러니하게도
기원지인 인도에서는
점차 쇠퇴해갔다.

이분께서는 세계를 지배하는 대왕이 되시거나 세계를 대표하는 종교가가 되실 겁니다.

예언과 인생 또한 싯다르타와 매우 비슷했다.

한편 자이나교는…

오오! 참으로 건강한 남자아이로다!

앞날이 기대되는구나!

바르다마나는 싯다르타와 같이 기원전 6세기~ 기원전 5세기경 크샤트리아 집안에서 태어났는데.

응애~!

어떻게 해야 고통에서 벗어날 수 있을까…

산다는 것은 고통이다.

바르다마나 역시 윤회의 고통을 극복하기 위해 30살에 출가한 이래로 혹독한 수행에 전념했다.

출가한 뒤 고행을 통해 영혼을 정화해야 한다.

인생의 고통에서 벗어나기 위해선

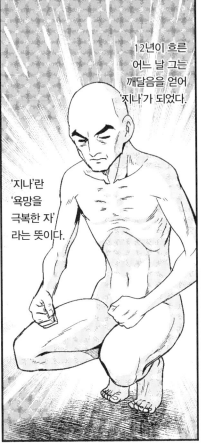

12년이 흐른 어느 날 그는 깨달음을 얻어 '지나'가 되었다.

'지나'란 '욕망을 극복한 자' 라는 뜻이다.

완전히 정화된 영혼은 윤회 하지 않는다.

이후 바르다마나는 '마하비라'*라고 불리게 되었다.

※ '위대한 영웅'이라는 뜻

동물도 우리와 같은 존재이니

다치게 하거나 죽여서는 안 됩니다.

자이나교의 계율은 불교보다 엄격했다.

이 때문에 자이나교에서는 고기를 입에도 대지 않는 철저한 채식주의를 한다.

작은 벌레 등을 들이마시지 않도록 마스크를 착용하고

일상 속에서 생명에게 최대한 상처를 입히지 않는 삶을 지향한 것이다.

혹여 앉는 곳에 있을
생명을 죽이지
않기 위해

빗자루를
가지고 다니는
종파도 있다.

사삭

수행자는
아무것도
가져선
안 된다!

즉 벌거
벗으라는
말!

특

또 자이나교는
불교에서
무의미하다고 여긴
고행을 중시한다.

단식

머리카락과 수염 뽑기

심지어는
의복마저
입지 않는
종파도
있다.

알몸
이다!

처억

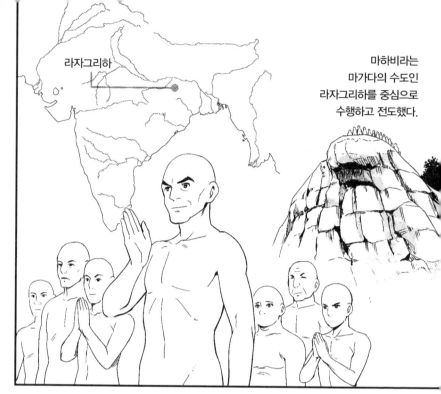

라자그리하

마하비라는 마가다의 수도인 라자그리하를 중심으로 수행하고 전도했다.

왕족에게도 보호받았다.

덕분에 많은 신자를 얻었고

또 자이나교도 신분제에 얽매이지 않았다.

자이나교는 불교와 달리 인도 이외의 지역에는 거의 전파되지 않았지만, 인도에서는 오늘날까지 이어지고 있다.

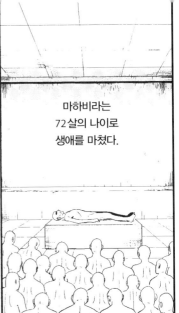

마하비라는 72살의 나이로 생애를 마쳤다.

인도 내에서는 소수층에 불과하지만, 지금도 400만 명에 달하는 신자 수를 보유하고 있다.

바이샤 계급 그중에서도 특히 상인들의 지지를 받고 있으며

기원전 4세기경

그로부터 조금 뒤인
기원전 330년에는
알렉산드로스 3세가
아케메네스조 페르시아를
멸망시키고
동방원정에 나섰다.

기원전 350년경에는
마가다의 난다 왕조가
세력을 늘려
갠지스 강 유역을
통일했고.

이 즈음에는
인도 북서부를
중심으로
많은 움직임이
일어났다.

인더스 강

기원전 326년
알렉산드로스 3세는
인더스 강을 건너
펀자브 지역에서
전투를 벌였지만…

신하들의
반대로
더 이상의
진군을 포기하고
서아시아로
돌아갔다.

이쯤에서
진군을 잠시
멈추시지요.

한편
마가다에서는
기원전 320년경
변방에서
군사를 일으킨
찬드라굽타가
세력을 뻗치고
있었다.

전군
진격
하라─!

따
그
닥

찬드라굽타

흐음…

【마우리아 제국 영토】

파탈리푸트라

서쪽으로는 인더스 강 유역,
남쪽으로는 데칸 고원까지 진군해
광대한 영토를 정복했으며
파탈리푸트라에 수도를 두었다.

이후 찬드라굽타는
기원전 317년경
역사상 최초로
북인도를 통일하고
마우리아 제국을
건국했다.

두 두 두
두 두

와아-!

기원전 305년경 찬드라굽타는
알렉산드로스 3세의
동방 영토를 탈환하러 온
셀레우코스 1세에게 맞서
진군을 저지했다.

이럴 수가
…!

이런
대군을 상대로는
승산이 없어…!

셀레우코스 1세
셀레우코스 제국 바실레우스

당시 찬드라굽타의 군대는
보병 60만 명, 기병 3만 명,
전차 8천 대에
전투 코끼리 9천 마리에
달하는 대군이었다.

예!

협정이다!
평화협정을
제안하라!

그렇다면 우리 측에서는 정복한 영토의 일부를 돌려 드리지.

찬드라굽타는 셀레우코스 1세에게 평화협정의 증표로 5백 마리의 전투 코끼리를 주는 대신 오늘날의 아프가니스탄 동부를 획득했다.

셀레우코스 1세, 평화협정의 증표로 우리 측은 코끼리 5백 마리를 선물하겠소.

또 이 협정을 계기로 찬드라굽타는 셀레우코스 1세의 딸을 왕비로 맞이했다.

그리스인들은 메가스테네스가 기록한 『인디카』를 통해 인도에 관해 처음으로 알게 되었다고 한다.

협정이 맺어진 뒤 그리스에서 '메가스테네스'라는 학자가 사절로 파견되었는데,

아버지 '빈두사라'는
큰아들인 '수시마'만
귀하게 여기고
아소카는 냉랭하게
대했다.

마우리아 제국의
제3대 삼라트*인
'아소카'는 수많은
왕자 중 한 명으로
태어났는데,

※ 마우리아 제국의 '황제' 칭호

서북 지방…
아버지…
저를 그렇게
먼 곳으로…

알겠
습니다…

아소카,

서북
지방에서
반란이
일어났으니

네가
진압하고
오너라.

아소카는
반란을
진압했으나

곧바로 서인도의
토후로 임명받아
수도에서 멀리
떨어지게 되었다.

나를 황궁에서
멀리 떨어뜨려
놓고 싶은
거였나!

두고 봐라!
반드시
돌아가겠어!

허억.

허억.

무, 무서워… 무서운 분이야…

히익… 혀, 형제들을 죽였어…

차, '찬다' 아소카※ …!

아버지가 붕어하자 아소카는 큰형을 비롯한 이복형제들을 죽이고 황위에 올랐다.

※ 아소카의 별명으로 '심장이 없다'라는 뜻. 아소카의 포악함을 드러냄

허억.

허억.

허억.

허억.

죽어 ~!

내게 거역하다니 어리석은 놈들!

이후 아소카 대에 세력을 확장한 마우리아 제국은 거의 인도 전역을 정복했다.

아소카는 할아버지인 찬드라굽타 때의 영토 확장 정책을 이어가 「당대의 강국이었던」 칼링가를 정복했다.

보아 라!

군주는 나 하나로 충분하다!

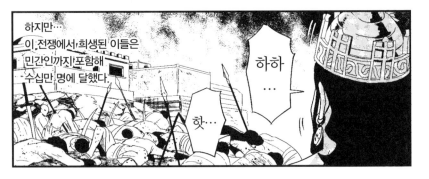

하지만…
이 전쟁에서 희생된 이들은 민간인까지 포함해 수십만 명에 달했다.

하하 …

핫…

하…

그런데…
그런데도
마음이
비어 있네
…!

전쟁에서
승리를 거듭해
제국도
강대해졌고,
내게 거역하는
자는 이제
아무도 없어!

승려여,
나는
괴롭다!

폐하께선
이미
알고 계실
텐데요….

폐하.

이것이 폐하와
제국을 구할
단 하나의
방법입니다.

그리고
모든
인간에게
자비를
베푸소서.

전쟁이 아닌
다르마(법)로
나라를
다스려야
합니다.

전쟁에
승리해도
제국은
위대해지지
않으며,

폐하께선
그 무엇도
얻지 못할
뿐만 아니라
불행해질
따름입니다.

그럼
나는….
어찌해야
하는 거지?

부모님께
순종하는 것,

친족과 지인에게
예의 바르게
행동하는 것,

타인의 입장을
존중하는 것

등을
말한다.

구체적으로는
생명을 죽이거나
상처입히지 않도록
최대한 피하는 것,

'다르마'란
만인이 지켜야 할
보편적인 윤리를
말한다.

누구든지
다르마를
알 수 있도록
각 지방의
언어로
새기도록 하라.

그 내용을
바위와
돌기둥에 새겨
퍼뜨렸다.

정신을 차린 아소카는
다르마를 이상적인
통치 수단으로 여겨
각지에 전파했는데,

그는 불교와
자이나교 등의
종교를 두텁게
보호했다.

이게
다르마
인가?

좋은
내용이
쓰여
있구먼.

아소카는 도로를 정비하고 관개 시설과 병원, 약초원 등을 만들어 사람들의 삶을 개선시켰다.

기원전 180년경 내란으로 멸망했다.

마우리아 제국은 아소카 대에 전성기를 맞았지만, 그가 죽은 뒤로 쇠퇴해

기원전 326년

알렉산드로스 3세 인더스 강 유역 침입

기원전 317년경

삼라트 찬드라굽타 마우리아 제국 건국

기원전 268년경 이후

삼라트 아소카 칼링가 정복 다르마(법)에 의한 통치 → 돌기둥 및 돌벽(마애) 비석 건립 제3회 결집

사타바하나 제국의 최대 영토

기원전 1세기경 마우리아 제국이 붕괴하고 여러 나라들이 서로 싸우는 가운데

데칸 고원에 '사타바하나 (안드라) 제국'이 탄생했다.

그중 하나는 인도양 해상무역의 발전이었다.

무역은 서쪽의 로마부터 동쪽의 동남아시아까지 활발하게 이루어졌는데,

사타바하나 제국에 이르러 인도에는 두 가지 변화가 생겨났다.

사치를 추구하는 로마 시민들 사이에 동방 상품에 대한 수요가 높아지게 되었다.

사타바하나 제국이 번창했던 1세기~2세기경은 마침 로마 제국의 번영기와도 겹쳐

해상무역 경로

이에 따라 많은 브라만들이 남인도로 이주했다.

다른 하나는 남인도-북인도 사이의 문화 교류였다.

사타바하나 제국은 왕권을 강화하기 위해 종교적으로 정통성을 뒷받침해줄 브라만을 북인도에서 여럿 불러들였는데,

그리고 기원 전후로 이 문헌들을 집대성해 집합체라고 불릴 만한 하나의 책을 탄생시켰는데…

이민족의 침입과 사회의 변화, 새로운 사상의 번성으로 인해 전통 질서가 붕괴하자

이를 목격한 브라만들은 기원전 6세기부터 2세기까지 브라만교에 바탕을 둔 사회와 삶의 방식을 몇 개의 문헌으로 기록했다.

바로 『마누 법전』 이었다.

『마누 법전』은 이 마누라는 인물이 설파한 내용으로 여겨진다.

'마누'는 힌두교 신화에 나오는 최초의 인간이자 인류의 시조로

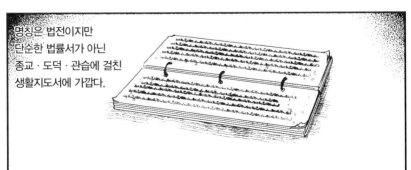

명칭은 법전이지만 단순한 법률서가 아닌 종교·도덕·관습에 걸친 생활지도서에 가깝다.

『마누 법전』의
서두에서는
우주가 어떻게
시작되었는지
설명하고 있다.

"일찍이
우주는
암흑에서
탄생했다.

그리고
물이
생겨났고,

그곳에
씨가
뿌려져

황금색
알이
생겨났다.

바로 이 알에서
전 세계를 창조한
'브라흐만'이
탄생했다!"

빠직

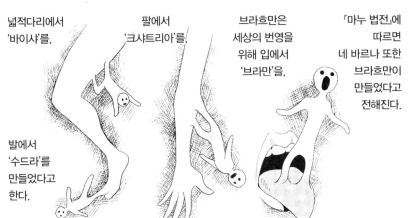

넓적다리에서
'바이샤'를,

팔에서
'크샤트리아'를,

브라흐만은
세상의 번영을
위해 입에서
'브라만'을,

『마누 법전』에
따르면
네 바르나 또한
브라흐만이
만들었다고
전해진다.

발에서
'수드라'를
만들었다고
한다.

인간이 취해야 할
삶의 방식 전반을
다룬다.

『마누 법전』에서는
브라만의 삶을
모범으로 삼아

윗사람에게
무례한 말을
하고 말았습니다.
어떻게 하면
좋을까요?

시체를 만지고
말았습니다.
어떻게 하면
좋겠습니까?

그 후에
목욕으로 몸을
청결하게 하고
단식을 하면
당신의 죄는
사라질 것이오.

그런 경우에는
우선 상대의
기분을
달래시오.

목욕을 해
몸을 청결하게
하시오.
그렇게 하면
당신의 부정은
사라질 것이오.

훌륭한 어른이 되어 가족을 지키고 규칙에 따라 올바르게 제사를 지내면 천계에 갈 수 있다.

수행을 위해 출가할 필요는 없어.

『마누 법전』이 완성되기 전에는 다음과 같은 인생이 이상적으로 여겨졌지만,

완성된 뒤로는 출가하는 종교인들이 늘어났다.

직업과 가족을 버리고 오로지 자신을 갈고닦는 것이야말로 이상적인 삶의 방식이라고 여기기 시작한 것이다.

하지만 수행자의 생활을 지탱하는 것은 평범하게 생활하는 이들이었기에

사회가 불안정해지는 것은 당연했다.

젊은이들이 모두 출가해서

농사지을 사람이 없어!

만약 청년층 대부분이 출가하게 되면

뒷일을 부탁해!

우리는 모두 출가할 테니

뭐~?!

『마누 법전』 속에 분명 해답이 있을 거야….

모든 사람이 출가해 버리면 곤란해….

수행을 하고 싶은 마음은 이해하지만,

두 가지 삶의 방식을 합치면 되느니라.

뭉게

이렇게 해서 완성된 것이

'사주기' 라고 불리는 인생의 모범이었다.

아아! 과연 그러면 되겠구나!

정처 없이 방랑하며 여행하는 시기

스승 아래에서 『베다』를 배우는 시기

유행기 학생기

임주기 가장기

은퇴하고 숲에서 수행하는 시기

결혼해 자식을 보고 집에서 제사를 이어나가는 시기

인생은 네 단계로 나아가는 것이 이상적이다.

이는 학생기, 가장기, 임주기, 유행기니라.

이러한 네 단계를 밟아 나가면

최고의 경지에 도달할 수 있다.

이후 브라만교가 토착신앙 등을 흡수하면서 '힌두교'가 탄생했고,

『마누 법전』은 힌두교 안에서 중요한 경전 중 하나로 여겨지게 되었다.

훗날 영국의 식민 지배 아래 제정된 인도 고유의 법률도

『마누 법전』에 기록된 사회·생활 규범을 토대로 만들어졌는데,

이 법률은 폐지되기 전까지 인도 사회에서 중요한 역할을 했다.

한편 『마누 법전』은 인도뿐만 아니라 동남아시아에도 큰 영향을 주었다.

무력으로 나라를 넓히고 '다르마'를 통해 광대한 영토를 하나로 아우른 삼라트,

브라만교에 대항해 생겨난 불교와 자이나교,

브라만교 세계의 질서를 담은 『마누 법전』 등

남아시아에서는 군주와 종교가들이 밀접한 관계를 맺으며 특징적인 사회·문화를 형성해갔다.

황허 강

연(燕)

진(晉)

제(齊)

위(衛)

노(魯)

진(秦)

주(周)

조(曹)

정(鄭)

송(宋)

초(楚)

오(吳)

월(越)

양쯔 강

기원전
8세기경
중국
대륙

제3장 고대 중국의 제자백가

약 300년간
중원※을 통치해온
주(周)가 쇠퇴하고,
각 지역의 제후들이
중국 대륙의 새로운
지배자가 되기 위해
대립하고 있었다.

※ 황허 강 중하류 유역의
평원지대를 말함

500년 넘게 이어진
이 난세 속에

곧 주(周) 시대의 세습적인
신분제가 무너지면서
각국에서는 신분에
상관없이 유능한 인재를
찾아 등용하기 시작했다.

사람들은 끝없는
전쟁을 거치면서도
이상적인 새로운 사회와
질서를 추구했다.

[잠깐!] 2권에서는 주(周)의 왕(王)을 천자라고 표기합니다.
제후국의 군주 중에도 '왕'이라고 불린 인물이 있지만,
'천자(天子)'는 오직 주의 왕만 칭할 수 있었습니다.

132

이때 생겨난 수많은
학파와 사상가를 총칭해
'제자백가'라고 한다.

음양가

종횡가

각국의 군주들이
능력 있는
학자와 사상가를
등용한 덕에

묵가

겸 애

농가

이 시기에는
다양한 사상이
탄생했고
또 발전할 수
있었다.

병가

유가

훗날 중국을 비롯한
동아시아 각국에
큰 영향을 미친 사상들도
바로 이 시대에 등장했다.

도가

난세가 사상이라는
꽃을 틔운 것이다.

법가

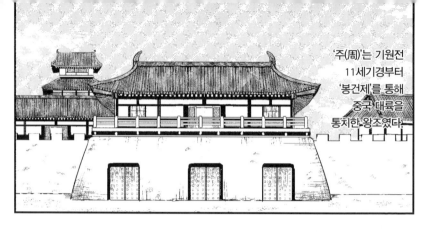

'주(周)'는 기원전 11세기경부터 '봉건제'를 통해 중국 대륙을 통치한 왕조였다.

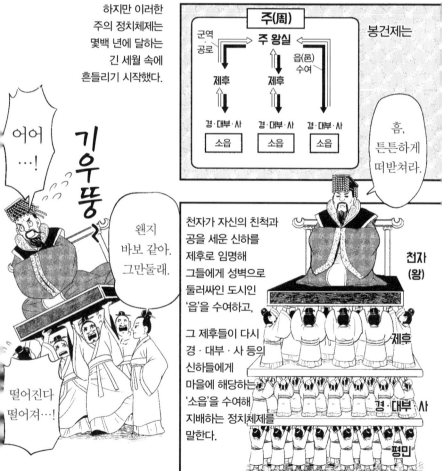

하지만 이러한 주의 정치체제는 몇백 년에 달하는 긴 세월 속에 흔들리기 시작했다.

주(周)

군역·공로 → 주 왕실 ← 읍(邑) 수여

제후　　제후

경·대부·사　경·대부·사　경·대부·사

소읍　소읍　소읍

봉건제는

흠, 튼튼하게 떠받쳐라.

어어…!

기우뚱

왠지 바보 같아. 그만둘래.

떨어진다 떨어져…!

천자가 자신의 친척과 공을 세운 신하를 제후로 임명해 그들에게 성벽으로 둘러싸인 도시인 '읍'을 수여하고,

그 제후들이 다시 경·대부·사 등의 신하들에게 마을에 해당하는 '소읍'을 수여해 지배하는 정치체제를 말한다.

천자(왕)

제후

경·대부·사

평민

오오, 고맙구려!!

전하를 따르겠나이다!

당시에는 좋았겠지만 말일세.

뭐, 몇백 년은 지난 옛날 일이지 않나.

주는 혈연을 비롯한 인맥을 통해 넓은 영토를 통합하려 했지만

건국 시기에 맞어진 천자와 제후 사이의 끈끈한 유대는 점점 옅어져 갔다.

이제 상관없는 일이지.

선조께서 신세를 졌다곤 해도…

왜 우리가 천자에게 복종해야 하지?

다들 주목~!

이윽고 제후들은 힘을 갖게 되자 천자의 명령을 따르지 않았고

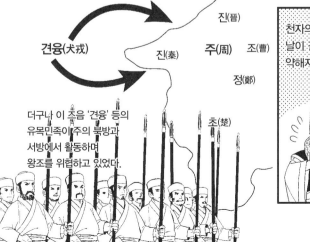

견융(犬戎)

진(晉)

진(秦)

주(周)

조(曹)

정(鄭)

초(楚)

더구나 이 즈음 '견융' 등의 유목민족이 주의 북방과 서방에서 활동하며 왕조를 위협하고 있었다.

천자의 권력은 날이 갈수록 약해져 갔다.

모두들~ 내 말 좀 들어줘…

이에 유왕은
꾀를 내어

적의 공격을
알리는 봉화를
올렸다.

포사는
절세미인이었지만
웃지 않는 걸로
유명했다.

기원전 8세기경
주의 제12대 천자인
유왕에게는 포사라는
비가 있었는데

유왕 주 제12대 천자

서둘러라!
전하를
지켜야
한다!

와

적이
공격해
왔다!

와
와

큰일
이오,
큰일!

봉화를 확인한
제후들은
허둥지둥 왕궁으로
달려 왔지만…

오오!
포사가
웃었다!

저 얼빠진
얼굴
좀 봐…!

엥?

적이
없잖아?

하아…. 대체 왜 오는 거야~? 웃겨라~!

푸 흠

포사가 웃는구나!

또 허둥지둥 오다니 바보 같아~!

또 봉화가 올랐다!

그 이후 유왕은 포사를 웃게 하고자 몇 번씩이나 거짓으로 봉화를 올렸다.

포사는 웃을 때 정말 예쁘구나! 계속 보고 싶어잉~!

이번에야 말로 적의 습격 인가?!

두 두 두 두두두

하지만 이번에는 거짓말이 아니라 정말로 견융이 공격해온 것이었다.

두 두 두 두두두

홍, 어차피 거짓말 이겠지.

이봐, 봉화가 올랐는데.

나는 가지 않겠어.

달려가도 웃음거리가 될 뿐이오.

나도.

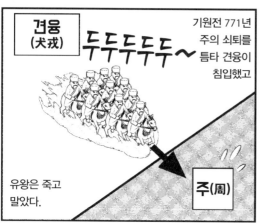

견융
(犬戎)

두두두두두~

기원전 771년
주의 쇠퇴를
틈타 견용이
침입했고

유왕은 죽고
말았다.

주(周)

누가 좀
살려줘
~!

...이와 같은
이야기가 전해진다.

진(晉)

낙읍(뤄양)

진(秦)

위(衛)

조(曹)

주(周) 정(鄭)

송(宋)

초(楚)

낙읍은 주의 시조인
'무왕'의 동생
'주공 단'이 세운
제2의 수도였다.

유왕의 뒤를 이어
즉위한 아들 '평왕'은
수도를 동쪽으로
낙읍으로 옮겼다

수도를
호경에서
낙읍으로
옮기시죠!※

음,
모두 잘
부탁하네.

저희는
전하를
따르겠
습니다!

※ 낙읍(낙양)은 지금의 뤄양 시, 호경은 지금의 시안 시

이 사건을 계기로
주의 왕권은 쇠퇴했고
각지에서 제후들 사이의
패권 다툼이 격화되었다.

난세의 서막이었다.

이 사건을 '주의 동천'
이라고 부른다.

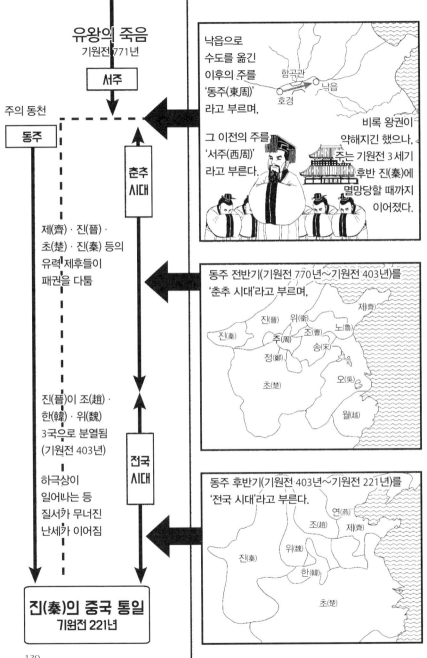

유왕의 죽음
기원전 771년

서주

주의 동천

동주

낙읍으로 수도를 옮긴 이후의 주를 '동주(東周)'라고 부르며,

그 이전의 주를 '서주(西周)'라고 부른다.

함곡관 → 낙읍
호경

비록 왕권이 약해지긴 했으나, 주는 기원전 3세기 후반 진(秦)에 멸망당할 때까지 이어졌다.

춘추 시대

제(齊)·진(晉)·초(楚)·진(秦) 등의 유력 제후들이 패권을 다툼

동주 전반기(기원전 770년~기원전 403년)를 '춘추 시대'라고 부르며,

제(齊)
진(晉) 위(衛)
진(秦) 조(曹) 노(魯)
주(周) 송(宋)
정(鄭)
초(楚)
오(吳)
월(越)

진(晉)이 조(趙)·한(韓)·위(魏) 3국으로 분열됨 (기원전 403년)

하극상이 일어나는 등 질서가 무너진 난세가 이어짐

전국 시대

동주 후반기(기원전 403년~기원전 221년)를 '전국 시대'라고 부른다.

연(燕)
조(趙) 제(齊)
위(魏)
진(秦) 한(韓)
초(楚)

진(秦)의 중국 통일
기원전 221년

진(晉)

춘추 시대에는
왕권이 약해져
중원의 제후들 사이에
다툼이 반복되었고

진(秦)

주(周)

조(曹)

정(鄭)

이렇듯 세력을 키워
다른 제후를 이끌던
제후들의 우두머리를
'패자(霸者)'라고 부른다.

유력한 제후는 천자의 권위를 빌려
다른 제후를 소집하고
맹약 의식을 행해 주도권을 잡았다.

기원전 678년
남쪽의 강국
초(楚)가 북상해
왕도 낙읍에
가까웠던
소국 정(鄭)을
침략했다.

와—

와

와—

처음으로
패자가 된 이는
제(齊)의
환공이었다.

뭐라?!

제의 수도

'환공' 님!
정에서 초의
공격을 받았으니
도움을 달라고
합니다!

환공은 중원의 제후들을 소집해 정으로 동맹군을 파병했다.

제후를 소집하라! 왕도를 지켜야 한다!

예!!

정을 빼앗기면 왕도가 위험하다…

끝내 환공은 초군을 남쪽으로 밀어냈고 제후들 사이에서 지도자로서 권위를 다질 수 있었다.

환공! 환공!

기원전 651년 환공은 유력 제후들에게 맹약 의식을 요구하며 자신을 패자로 인정하게 했다.

싹둑

맹약 의식이란 맹주가 소의 귀를 잘라내 동맹을 맺은 제후들과 함께 그 피를 나눠 마시는 의식※을 말한다.

꿀꺽

주르륵…

나 제의 환공이 맹주가 되어 천자의 권위 아래 질서의 파수꾼이 되겠노라.

141

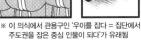

※ 이 의식에서 관용구인 '우이를 잡다 = 집단에서 주도권을 잡은 중심 인물이 되다'가 유래됨

춘추 시대 후기에는
오왕 부차,
월왕 구천 등이
패권을 잡았다.

진(晉)

제(齊)

문공

부차

오(吳)

월(越)

구천

환공 이후로도
진(晉)의 문공 등
강대한 힘을 지닌
패자들이 등장했고

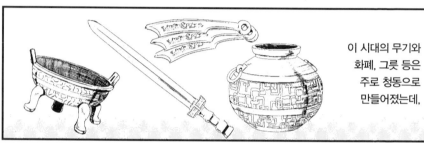

이 시대의 무기와
화폐, 그릇 등은
주로 청동으로
만들어졌는데,

한편 가족의 수가 적어도
농사를 지을 수 있게 되자

그 이전까지 중요하게
여겨졌던 주의 씨족·혈연
중심의 질서 체제가
점차 느슨해져 갔다.

농기구를
철로 만들면서
농업 생산력이
높아진 데다.

제후국끼리 격렬하게
전쟁을 할 수 있던 이유는
청동기가 아닌 새롭게
등장해 경제력을
뒷받침해준 '철기'
덕분이었다.

가족 수가 적어도 농사를
지을 수 있게 되면서,
각국 군대는 계속해서 식량을
공급받을 수 있었다.

한 명의 사상가가
태어났다.

진(晉)

제(齊)

위(衛)

노(魯)

송(宋)

오(吳)

그러던 춘추 시대 말기
'노(魯)'라는 소국에서

훗날 동아시아
각국의 사회 · 사상에
큰 영향을 준
그 사상가는 바로

유가의 창시자인
'공자'였다.

공자
본명은 '공구'

143

그 옆은 제물인 동물을 담을 그릇, 이건 공물을 담을 그릇…

기원전 540년경
노(魯) 변두리

좀 있으면 준비가 끝날 거야!

우와~

하하, 꽤 비슷하게 잘 하는데요?

또 이런 곳에서 제사 놀이를 하고 있네!

얘는 집에 없다 했더니!

공자는 어린 시절 늘 제사를 지내는 흉내를 내며 놀았다!

'예법'은 노의 시조이신 주공 단께서 정하신 겁니다.

우리는 앞으로도 이 예법을 정확하게 지켜나가야 합니다!

주공 단은
무왕을 도와
주(周)를 세운
개국 공신으로

공자가 일생 동안
목표로 삼았던
인물이었다.

나라는
'예(禮)'로
다스려야
한다.

예는 곧
'질서'다.

혁

오늘도 꿈에
주공 단께서
나오셨군…

그분께는 한참
못 미치겠지만
나도 훌륭한
성과를 낼 테야!

어느덧 20대
청년이 된
공자는
고향에서
관리로 일하며
좋은 평판을
쌓았고

이런
시골 마을의
관리로는
아까운
녀석이지.

흠, 저 녀석
늘 성실하게
일하는걸.

이를 발판삼아 노의 수도로 발탁돼 예악에 맞춰 의식을 행하는 담당관으로 일하게 되었다.

일을 참 잘 한다지? 자네! 수도의 관리가 되어 예악*을 담당하지 않겠나?

마음에 들어

※ 예절과 음악을 말함. 고대 중국에서는 예악을 세상의 질서를 유지하는 것으로 여겨 추앙함

그 후 공자는 주(周)의 왕도이자 천자가 있는 예악의 본고장 낙읍을 유학하며

예악의 일류가 되기 위해 노력했다.

공 선생님이 낙읍에서 돌아오셨다고 하더군!

그렇다면 본고장의 예악을 배워 볼까!

타닥 타닥...

따르고
싶습니다!

부탁
드려요!

선생님의
제자로
받아
주십시오!

공자가 유학을
마치고 귀국하자
그의 제자가
되려는 이들이
모여들었다.

40대가 된 공자는
노의 수도에
학교를 세웠는데,

제자들이
많아지면서
명성이
높아졌다.

선생님.
'인(仁)'의
근본은 무엇
입니까?

'효제'란 무엇을 말합니까?

타인을 배려하는 마음과 친애하는 정이 '인'이며, 인의 기본은 '효제'니라.

'제'는 형제에 대한 사랑이다.

제
(悌)

'효'는 부모에 대한 사랑이며

효
(孝)

공자는 가장 가까운 가족 간의 도덕을 사회 질서의 기본으로 삼고 인과 예를 실천하면

인 & 예
(仁) (禮)

'예'는 이러한 인을 구체적인 행동으로 표현한 것으로, 지켜야 할 사회적인 규범을 말한다.

이상적인 사회를 이룩할 수 있다고 설파했다.

또 '예'를 다해 나라를 다스려야 합니다.

왕은 '인'을 실천해 백성을 사랑하고 백성에게 사랑받기 위해 덕을 지녀야 합니다.

공자는 51살 때 노의 대사구가 되어 재상*을 겸직했다.

여기서 대사구는 법률과 형벌을 담당하는 부서의 책임자를 말한다.

※ 조정의 최고 책임자로 왕을 보좌하는 직책

재상님, 백성들을 나라의 규율에 따르게 하려면

결국 엄격한 형벌이 필요하지 않겠습니까?

공자 또한 예로 이상적인 정치를 펼치고자 했지만…

예를 통해 나라의 질서를 정립했던 주공 단처럼

이렇게 해야 백성들이 효율적으로 통제된다고 생각합니다만.

어떻게 생각 하십니까, 재상님?

물론 공개 처형으로 말이죠.

예컨대 명령에 따르지 않는 놈들은 본보기로 죽이는 겁니다.

정치를 하는데 어째서 백성을 '죽일 필요'를 논하십니까?

외람되나 대신들께 한 말씀 올리겠소…

하지만 백성들이 말을 듣도록 만드는 건

꽤나 번거로운 일이지요.

본디 예악의 본질이라 함은…

재상께 그런 소리 듣지 않아도 저는 항상 선을 염두에 두고 있습니다!

아니 아니, 공 선생 이제 됐소.

대신께서 '선(善)'에 뜻을 두시면

백성들은 반드시 선해질 것입니다!

공포로 민심을 통제하면 좋은 정치를 펼칠 수 없습니다.

그렇고
말고!

···

으 하 하 하

핫 핫 핫

우리 모두
'예'와 '인'
이야기는
귀에 딱지가
앉도록
들었다네!

지금은 난세요.
이 약육강식의
시대에서는
'인애'와 '예악'만
으로는 살아남을
수 없소.

히죽

소근
소근

저렇게
허울 좋은
말을 해봤자

아무짝에도
쓸데없지.

소근

공 선생은
너무
이상주의자
일세.

그 후 공자는 이웃국인
제(齊)에서 보낸 미녀 악단※에
홀린 대신들을 나무랐으나
오히려 실각했고

노를 떠나 14년간
각국을 방랑했다.

이대로 가면
이 나라는
무너질 거야
···

이렇게
뜻이
낮아서야
···!

※ 노의 정치를 타락시키기 위한 제의 책략이었음

14년간의
방랑을 마치고
다시 고향인 노에
돌아왔을 때

공자의 나이는
69살이었다.

중국 역사상 가장
오래된 시집인
『시경』과

노의 역사를 정리해
『춘추』를 집필했다.

공자는 말년에
제자들의 교육에
전념하며

선생님,

건강은 좀
어떠신지요?

이제 꿈에 주공 단이 나오지 않는구나.

나도 나이가 꽤 많이 들었으니 말이다.

음….

쏴아아…!

기원전 479년 공자가 73살의 나이로 삶을 정리했다.

공자에게는 많은 제자가 있었고 그는 제자들을 가르치는 데 온 힘을 다했다.

공자의 뜻을 이어받은 제자들 또한 후진 양성에 힘을 쏟았다.

선생님 …!

그것이 바로 '유가'이다.

이렇게 해서 공자의 가르침을 계승하는 학파가 탄생했는데

子曰, 學而時習之, 不亦說乎.

공자께서 말씀하시길,
'배우고 때때로 익히니
기쁘지 아니한가.'

〈현대어 풀이〉
공 선생님께서 말씀하시길
'배운 것을 기회가 있을 때마다 복습한다.
(그로써 더욱 깊이 이해할 수 있으니)
이 어찌 기쁘지 않겠는가.'

제자와 문하생들은 공자의 말과 사상을 모아 『논어』라는 책으로 정리했는데,

『논어』는 유가의 대표 경전으로 여겨지며 후대로 계승돼 오늘날에도 많은 이들이 공자의 가르침을 익히고 있다.

으음~

강한 힘으로 나라를 다스리려면 어떻게 해야 좋을까…?

새로운 사회 질서와 이상적인 모습을 탐구하는 가운데, 각국의 왕들은 왕권을 강화 하고자 했고

유가가 생겨난 춘추·전국 시대에는 혈연에 기반을 둔 사회 제도가 붕괴해

실력을 토대로 격렬한 경쟁이 벌어졌다.

능력 있는 인물들을 관료나 정치가로 등용했다.

이 나라와 백성들을 더 풍요롭게 만들어 보겠습니다!

제게 좋은 생각이 있습니다.

이로써 중국 역사를 통틀어도 드물 정도로 다양한 학문과 사상이 탄생했는데

농가

병가

명가

도가

음양가

법가

유가

이를 '제자백가' 라고 한다.

공자의 유가도 제자백가 중 하나였다.

〈제자백가 ①〉 유가

'도덕으로 정치를 행하면

공 선생님은 이렇게 말씀하셨습니다.

천하의 백성들이 위정자를 따른다' 라고요.

별들이 북극성 주위를 도는 것처럼

그중에서도 가장 유명한 인물들은 '맹자'와 '순자'였다.

전국 시대에 들어 공자의 후계자들은 각국에서 활약했고

예!

그대를 고용하지.

백성들에게도 좋은 평판을 얻을 것 같소!

과연! 유가의 사상은 이해하기도 쉽고

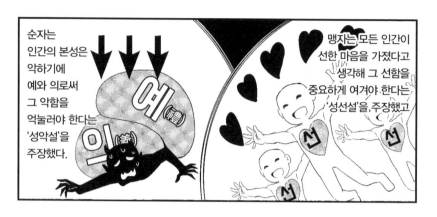

순자는 인간의 본성은 악하기에 예와 의로써 그 악함을 억눌러야 한다는 '성악설'을 주장했다.

맹자는 모든 인간이 선한 마음을 가졌다고 생각해 그 선함을 중요하게 여겨야 한다는 '성선설'을 주장했고

성악설

인간은 본디 악한 마음을 가졌으니 예(禮)로써 악한 마음을 억눌러야 합니다.

순자

성선설

인간은 본디 선한 마음을 가졌으니 인(仁)의 정치를 펼쳐야 하오!

맹자

〈제자백가 ②〉 묵가

'묵자'의 사상을 따르는 묵가였다.

한편 유가와 전혀 다른 사상도 탄생했는데

묵자

인간은 모든 인간을 공평하고 차별 없이 사랑해야 하오.

유가에서 주장하는 사랑인 '인'은 차별적인 사랑이오.

오늘부터 여기는 내 밭이다! 나가!

붕
붕
붕

다툼이 일어나는 거요.

나와 남을 구별하는 사사로운 마음으로 인해

더 넓은 밭을 가지고 싶어.

내 밭은 다른 사람들의 밭에 비해 작군.

이를
'겸애(兼愛)'
라고 한다.

그에 비해 묵가는
사랑에 있어
혈연과 신분에 따라
차이를 두지 말고

자신을 사랑하듯
모든 사람을
사랑해야 한다고
주장했다.

유가의 사랑은
부모 자식과 형제간,
가족과 가족이 아닌
사람에 차이를 둔다. ※

※ 가족끼리도 자녀는 부모를,
동생은 형을 공경하고 사랑해야 함

유가는
권위주의
일세!

가족을
아끼는 것이
뭐가
나쁘단
거죠?

뭐요?!

유가는
차별
주의요!

아니!
'겸애'
요!

와ー

'인애'
요!

또 유가와
묵가가 서로
으르렁대고
있군….

와ー   와ー

유가와 묵가 모두
노를 중심으로
활동해서 두 학파는
격렬하게 경쟁했고

묵가는 전쟁을
침략으로 간주해
공격에 반대하며
'비공(非攻)'을
제창했고

순자

맹자

공자

그렇게
유가와 묵가는
전국 시대의
모든 기간을
통틀어

제자백가 중에서도
가장 거대한
세력을 뽐내며
쌍벽을 이루었다.

묵자

성을 지키는
기술과 장비를
연구해 의뢰를
받으면 수성에
참가했다.

하지만 진(秦)이
중국을 통일하면서
묵가는 전쟁을 대신
해주는 용병 집단으로
전락했고 탄압을 받아
쇠퇴하고 말았다.

〈제자백가 ③〉 도가

전설적인 인물인
'노자'*의 사상을 토대로
이를 계승한 '장자'에
의해 발전했다.

장자

노자

도가는 유가 · 묵가와
거의 같은 시기에
탄생한 학파로

도
(道)

※ 초(楚)의 철학자인 '이이'로 추정되나, 실존 인물이 아니라는 설도 있음

'도'란
무엇입
니까?

이 세상에 있는
모든 것에는
'도'가 있습니다.

우주의 원리,
만물의 근본은
'도'입니다.

무위자연
(無爲自然)

필요 이상의
욕망을 가지지 않고
불필요한 재능과
지식을 바라지 않으며,
쓸데없는 사람의 힘을
부정하고 자연 그대로
존재하는 것

사회나 정치는
자연의 근본인
'도'에 맡기고

인간은
'무위자연'에
따라 살아가야
합니다.

'도'는
그대 안에
있으면서
그대를
이끌어가는
것입니다.

새로운 사상
어떠십니까?

인간
이란?

세계
본질

국가란?

사상가들은
바람직한 세상의 모습과
국가의 정치체제,
이상적인 인간상 등을
다채롭게 구상했는데.

유가 · 묵가 · 도가가
발전하던 전국 시대.
이 시기에는 이들 외에도
많은 사상가가 있었다.
그야말로 제자백가의
시대였던 것이다.

이들은 문하생을 거느리고
각지로 유세를 나서
그 지역의 군주가
자신의 사상을
받아들이도록
논리를 폈다.

〈다른 주요 제자백가〉
음양가·종횡가·법가·병가·명가·농가

동맹

소국 소국

우리는 외교의 책사지요. 강국에 대항하려면 소국끼리 연합하거나 각국이 동맹을 맺어야 합니다.

우주의 생성과 인간사회의 수많은 현상은 음양 이원으로 설명할 수 있다!

소진 종횡가

추연 음양가

사람은 덕과 예가 아닌 나라에서 정한 법률을 따라야 한다!

전쟁에서 승리하기 위해 국가 운영, 용병술, 병기, 무술 등을 연구하고 있소.

한비자 법가

나는 '명(名)'과 '실(實)'의 일치에 대해 생각하고 있소. '백마는 말이 아니다'※ 즉 백마와 말은 다른 개념이다. 이를 '궤변'이라고 하오.

손재(손무) 병가

농업은 나라의 근간! 군신 모두 농업에 종사해야 한다!

허행 농가

공손룡 명가

※ 말은 형체를 가리키는 개념이고 백마는 빛깔을 가리키는 개념이므로 말과 백마는 다른 개념이라는 논리

제(齊)의 수도 임치[1]

한편 이러한 사상가들이 많이 모여든 나라가 있었다.

[1] 지금의 중국 산둥 성 광라오 현 남부에 있던 고대 도시

상대부[2]로 대우해 드리고 저택도 마련해 드리겠습니다!

제의 미래를 구상하고 의논해보시지 않겠습니까?

우리나라를 더 풍요롭게 만들기 위해 다양한 의견을 내줄 학자를 초청하세.

위왕 제(齊)의 군주
(기원전 356년~기원전 320년)

[2] 관직의 명칭

이렇게 제에는 '위왕'과 그 다음 왕인 '선왕' 대에 들어 많은 학자가 모여들었다.

이들 학자 집단은 '직문'이라는 성문 근처에 저택을 하사받아 '직하 학사'라고 불렸다.

165

그리고 천체의 운행과
인간생활의 관계를
설파한 음양가의 추연.

아니,
이번 일은
별의 운행을
보면···

이들은 위왕과 선왕 대,
그 이후로도 임치에서
활동했다.

성선설을 주창한
유가의 맹자,

하지만 사람의
마음이란
애초에···

손무의 후손으로
병법을 강구했던
병가의 '손빈'과

그럴땐는
서쪽으로
병사를 보내
수비를···

자국을 위해
이웃국과
전쟁을
벌이는 데는
인의가 없소.
(불인의)

하지만
정치에서
가장
중요한 건
인의에
있소.

치밀하게 세운
병법으로
전쟁에서
이기는 것만이
난세에서
살아남을
길이오.

과연 그것도 일리가 있소. 그렇지만…

그렇다고도 할 수 있지만 그러면…

하지만 말이오…

이처럼 각 학파들은 서로의 사상을 접하고 활발한 논쟁을 벌이면서 더욱더 폭넓고 풍부한 사상적 토양을 만들어냈다.

저기서 뭔가 열을 올리고 있군. 우리도 토론에 참가하세!

백성이 풍요롭고 행복하게 살 수 있다는 견해에 대해서는 어찌 생각하는가?

흐음, 있는 그대로의 상태를 거스르지 않고 모든 것의 근원인 '도'를 따르면

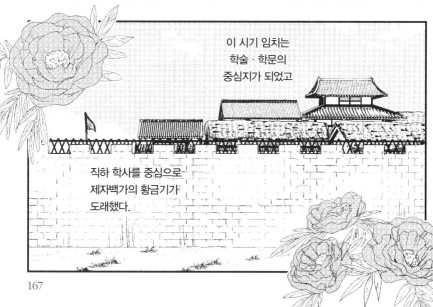

이 시기 임치는 학술·학문의 중심지가 되었고

직하 학사를 중심으로 제자백가의 황금기가 도래했다.

옳소!
옳소!

왜 우리가
주를 위해
연합해야
하는 거요!

천자와
낙읍이
나랑 무슨
상관이오!

지금
장난
하오!

오늘 여러분을
소집한 이유는
천자의 권위 아래
제가 왕도인
낙읍을 지키고자

애초에
왜 그쪽이
지휘를
하는 거요!

여러분의
군대를
통솔해…

연합군
결성 기념회

나야말로
왕이오!

나는
제후가
아니라
왕이오!

그야…
우리는
제후이고
주에 계신
천자를 지키기
위해 맹약을
맺었으니…

내가
더 강한
왕이오!

나도
왕이오!

그렇게 통일된 질서가
무너지며 중원은
군웅할거의 시대로
들어서게 되었다.

진(秦)

월(越)

제(齊)

진(晉)

오(吳)

각국 간에 경쟁이
치열해지면서
주의 천자를 무시하고
스스로 왕을 참칭하는
제후들이 늘어났다.

붙어
볼까?!

전쟁
이다!

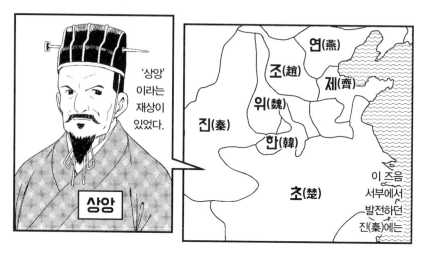

'상앙'
이라는
재상이
있었다.

상앙

연(燕)

조(趙)

제(齊)

위(魏)

진(秦)

한(韓)

초(楚)

이 즈음
서부에서
발전하던
진(秦)에는

당시 진은 남부의 초(楚)나
동부의 위(魏)와 같은
대국에 비교하면

전국 칠웅 중에서도
변방의 신흥국에
불과했다.

나를
섬기도록
해라.

그래,
상앙이라고?
네 생각이
마음에
드는구나.

상앙은 제자백가 중에서도
세력이 컸던 법가 사상의
영향을 받은 인물로

진의 군주인 '효공'에게
국가는 도덕이 아닌
성문법에 따라 다스려야
한다고 진언했다.
(법치주의)

법률로
통치해야
합니다.

국가는
유가에서
말하는 덕이
아니라

네가 주장한 성문법에 따르면 정녕 우리나라를 부강하게 만들 수 있느냐.

소신에게 맡겨 주십시오.

상앙은 효공에게 발탁돼 법치 국가와 부국강병을 목표로 개혁을 단행했는데,

이를 '상앙의 변법'이라고 한다.
(기원전 359년
~기원전 350년)

세금을 많이 걷기 위해 한 집안에 성인 남성이 두 명 이상인 경우 반드시 분가해야 했고

세

분가!

세 세

분가한 만큼 세수가 늘어남

분가하면 다른 집에 살아야 하니 이사를 해야 했다.

이 집에는 성인 남자가 두 명이군!

분가해서 세금을 따로따로 바치시오!

예에?!

상앙의 개혁에 따라 여러 규칙이 정해지면서 백성들의 생활은 크게 달라졌다.

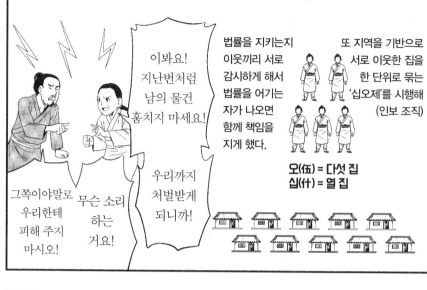

이봐요! 지난번처럼 남의 물건 훔치지 마세요!

법률을 지키는지 이웃끼리 서로 감시하게 해서 법률을 어기는 자가 나오면 함께 책임을 지게 했다.

또 지역을 기반으로 서로 이웃한 집을 한 단위로 묶는 '십오제'를 시행해 (인보 조직)

우리까지 처벌받게 되니까!

그쪽이야말로 우리한테 피해 주지 마시오!

무슨 소리 하는 거요!

오(伍) = 다섯 집
십(什) = 열 집

이에 따라 진(秦)의 황무지가 개간되자, 상앙은 개간된 토지의 정비와 관리에도 새로운 법률을 도입했다.

소에게 튼튼한 철제 쟁기를 매어 끌게 하면 적은 노동력으로도 밭을 깊게 갈 수 있었다.

이 무렵에는 춘추 시대 말기에 등장한 철제 농기구가 점차 보편화되었는데

이로써 진의 농업은 비약적으로 발전했다.

개간하면 우리 땅이 된다고?!

새로 개간된 토지는 개간한 사람에게 준다!

논밭의 구획을 정리한다!

법률을 위반하면 벌금을 부과할 거요!

벌금

모든 사람에게 법률을 평등하게 적용하겠소!

귀족이든 관리든 예외는 없소!

하지만 강경한 상앙의 개혁에 반발하는 이들도 많았다.

상앙이 말하는 대로 하시오.

특권을 빼앗긴 보수파 귀족들은 상앙에게 앙심을 품었다.

상앙 놈…! 언젠가 갚아주마!

법률이 너무 엄격하잖아!

지금까진 그냥 넘어가 주었지만…

무슨 일이오? 민폐로구면. 이런 야밤에…

드르륵

탕탕탕

이보게! 열어주 시오!

상앙은 뒤를 봐주던 효공이 죽은 뒤 살해당할 것을 염려해 국외로 도망치려 했지만…

쏴아—

173

싸ㅡ

숙박비는 그쪽이 원하는 만큼 지불하겠소!

통행증은 없지만… 이 분은 고귀한 분이시네.

통행증은 있소…?

급한 일로 여행 중인데 하룻밤 묵게 해주지 않겠소?

상앙 님의 법률에 따라 통행증이 없는 사람을 묵게 하면 벌을 받는다고~

아니 되오.

내가 정한 법률로 파멸하게 될 줄이야…

아아…!

싸아ㅡ

싸ㅡ…

상앙은 망명에 실패하자 영지로 돌아가 군사를 일으켰지만,

결국 진의 진압군과 싸우다 전사했다.

철떡 철떡

철떡

저쪽이다 잡아라!

저기 있다!

철벅

철벅 철벅

174

상앙의 개혁은
군주를 정점으로
하는 강력한
중앙집권제의
확립을 노린
것이었고,

이는 그 이전까지 유지되던
혈연 사회의 관습을 부정하고,
중국의 왕조들이 중앙집권적인
법치국가로 탈피하는
계기가 되었다.

이는 훗날 진의 '시황제'가
중국 통일이라는 위업을
달성하는 토대가 되었다.

시황제
**역사상 최초로 중국 대륙을
통일한 진의 황제**

지금의
그리스에서부터
파키스탄에 이르는
대제국을 건설한
알렉산드로스 3세.

하지만 '대왕'이라
불리던 그는
기원전 323년
삶을 뒤로했고

남겨진 대제국은
신하들에 의해
분열되었다.

안티고노스조
마케도니아

셀레우코스 제국

알렉산드리아

프톨레마이오스조
이집트

그렇게 대제국의 영토에는
안티고노스조 마케도니아,
셀레우코스 제국,
프톨레마이오스조 이집트를
비롯한 왕조들이 들어섰다.

	기원전 3세기	기원전 2세기	기원전 1세기
중앙아시아		박트리아	대월지
이란	알렉산드로스 제국	파르티아	
이집트		프톨레마이오스조 이집트	
시리아		셀레우코스 제국	
아나톨리아 반도		페르가몬(아탈로스 왕가)	
마케도니아		안티고노스조 마케도니아	
그리스		그리스(도시·동맹)	
로마			
인도	마우리아 제국		

알렉산드로스 3세의
동방원정으로부터
프톨레마이오스조
이집트가 멸망한
약 300년의 기간을
'헬레니즘 시대'
라고 부른다.

새로운
문화·예술을
꽃피웠다.

서서히
현지 문화와
그리스 문화가
융합되면서

각국은
건국 초기에는
서로 경쟁해
정치적으로
안정되지
않았지만

특히 조각 분야에서는
고대 그리스 시대의
조화와 균형을 중시하는
예술 사조가 옅어지고

자유로운 분위기 속에서
뛰어난 육체 묘사와
감정 표현을 담은
작품들이 만들어졌다.

【밀로의 비너스】
1820년 에게해 밀로스 섬에서 발견된
조각품. 기원전 1세기경에 만들어진
것으로 추정됨. 지금은 프랑스
루브르 박물관에 전시돼 있음

【사모트라케의 니케】
1863년 사모트라키 섬에서 발견된 조각품.
기원전 190년경 셀레우코스 제국에 맞서
승리한 로도스 섬이 승전 기념으로
승리의 여신 '니케'를 제작한 것으로 추정됨

【라오콘 군상】
1506년 로마에서 발견된 조각품.
커다란 뱀의 공격을 받는 트로이 신관 '라오콘'과
두 아들을 주제로 한 군상. 르네상스의 거장
'미켈란젤로'에게 큰 영향을 줌

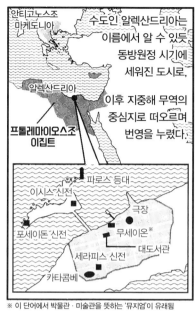

안티고노스조
마케도니아

수도인 알렉산드리아는
이름에서 알 수 있듯
동방원정 시기에
세워진 도시로,

알렉산드리아

**프톨레마이오스조
이집트**

이후 지중해 무역의
중심지로 떠오르며
번영을 누렸다.

파로스 등대
이시스 신전
극장
포세이돈 신전
무세이온※
세라피스 신전
대도서관
카타콤베

※ 이 단어에서 박물관·미술관을 뜻하는 '뮤지엄'이 유래됨

프톨레마이오스조 이집트는
기원전 304년

알렉산드로스 3세의 장군이자
이집트의 지방장관이었던
'프톨레마이오스 1세'가 세운
국가였다.

그는 왕립 연구소
'무세이온'을 세우고
100명에 달하는 연구원을
초빙해 활발하게
연구하고 토론하게 했다.

이 도시에서는
학문과 예술을
보호하겠다!

아리스토텔레스
스승님의
가르침을
되살리자!

프톨레마이오스 1세는
알렉산드로스 3세의
죽마고우이자 함께
아리스토텔레스에게
교육을 받은 인물로,
학문과 예술을
중요하게 여겼다.

프톨레마이오스 1세

학문과 예술의 발전에 서책을 빼놓을 수 없지. 전 세계의 서책을 모으자!

프톨레마이오스 2세

더 나아가 그의 아들인 '프톨레마이오스 2세'는 무세이온의 부속기관으로 대도서관을 세웠다.

이것이 바로 그 유명한 '알렉산드리아 도서관'이다.

한편 알렉산드리아 앞바다에 있는 파로스 섬에 높이만 135m에 이르는 거대한 등대가 건설되었다.

고대에 세워졌다곤 믿기지 않을 정도로 거대한 크기로 인해 세계 7대 불가사의 중 하나로 꼽히고 있다.

파로스 등대

이 도서관에는 세계 각지에서 수집한 50만~70만 종에 달하는 방대한 양의 서책이 보관되었는데.

그 덕분에 알렉산드리아는 학문·예술의 중심지로 수백 년간 번성할 수 있었다.

알렉산드리아에는
수많은 과학자와
철학자가 모여들었고

그중에는
'유클리드 기하학'을 완성한
수학자 '에우클레이데스'와

선은
폭이 없는
길이다.

에우클레이데스
그리스 수학자

지구는
자전하면서
태양 주위를
돌고 있다!

시대를 앞서가
지동설을 주창한
천문학자
'아리스타르코스'.

아리스타르코스
사모스 섬 출신 천문학자

그리고 부력의 원리와
지레의 원리를 발견한
'아르키메데스'가 있었다.

오늘날에는 그의
뛰어난 관찰력에 대한
특별한 일화가
전해지고 있다.

지렛목에서
먼 쪽을
누르면

작은
힘으로도
무거운 물건을
들어올릴 수
있다…

아르키메데스
시칠리아 섬 출신 수학자·물리학자

자네가 한 번 알아봐 주게. 하나 왕관을 훼손시켜서는 아니 되네.

흠, 왕관이 반짝이지 않는 것을 보아하니 아무래도 은이 섞인 것 같네.

어느 날 시라쿠사의 국왕이 아르키메데스를 불러 왕관이 순금으로 만들어졌다고 하는데, 혹시 은이 섞여 있는지 알아보라고 명령했다.

하지만 왕관을 훼손시켜서는 안 된다는 조건을 덧붙였는데…

전혀 떠오르지 않는군!

음, 어떻게 하면 좋을까…

허

촤아악—!!

기분 전환이나 해볼까!

이럴 때는 목욕이 최고지!

여기 같은 양의 물이 담긴 두 개의 통과 문제의 왕관, 그리고 왕관과 같은 무게의 순금이 있습니다.

유레카!!
(발견했다)

아르키메데스는 욕조에 들어갈 때 넘치는 물을 보고 어려운 문제를 풀어낼 단서를 찾아냈다.

좌아

다른 통에는 왕관을 넣습니다.

좌아

먼저 순금 덩어리를 이쪽 통에 넣은 뒤

이게 어찌 된 일이지?

아니?! 왕관 쪽 물이 더 많이 넘쳤잖아!

이제 넘친 물의 양을 비교해 보면…

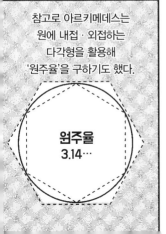

참고로 아르키메데스는 원에 내접·외접하는 다각형을 활용해 '원주율'을 구하기도 했다.

원주율
3.14…

그런 뜻이지요.

즉 이 왕관에는 금보다 무게가 가벼운 은이 섞여 있다…

무게는 같지만, 왕관의 부피가 순금보다 더 커서 그렇습니다.

속았어…

역시

이 시기에 들어 폴리스 정치의 한계가 명확해지면서 폴리스라는 틀에 얽매이지 않는 가치관과 사상이 등장했는데, (세계시민주의)※

헬레니즘 시대에 특히 크게 진보한 학문은 '철학'이었다.

그렇소! 국가와 민족에 얽매이는 건 어리석은 생각이오!

온 세상이 인간의 고향이오!

우리의 고향은 특정한 폴리스가 아니오!

※ '코즈모폴리터니즘(Cosmopolytanism)'. '코스모스(세계)'와 '폴리테스(시민)'의 합성어인 '코스모폴리테스'에서 유래됨

한편에서는 정치에서 물러나 개인의 내면적인 행복을 추구하는 철학이 자리 잡아 다양한 학파가 유행했다.

그중 대표적인 학파는 '에피쿠로스 학파'와 '스토아 학파'였다.

에피쿠로스 학파는 사모스 섬 출신 철학자인 '에피쿠로스'가 창시한 학파로

쾌락은 선(善)이다.

에피쿠로스
사모스 섬 출신 철학자

쾌락을 추구한다는 건, 기분 좋은 일만 하면 된다는 뜻입니까?

이들의 사상을 '정신적 쾌락주의' 라고 불렀다.

에피쿠로스가 주장한 쾌락은 신체적 고통과 공포로부터의 해방을 말한다.

그는 인생의 목적이 그 쾌락을 얻어 행복해지는 것에 있다고 보았다.

'마음의 평정 (아타락시아)'을 추구하는 것이 쾌락이라네.

완전히 틀렸네. 죽음을 두려워하거나 괴로워하지 않으며

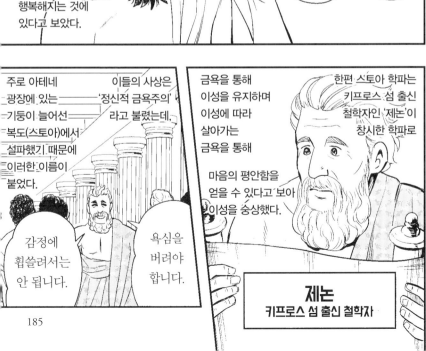

주로 아테네 광장에 있는 기둥이 늘어선 복도(스토아)에서 설파했기 때문에 이러한 이름이 붙었다.

이들의 사상은 '정신적 금욕주의' 라고 불렀는데,

감정에 휩쓸려서는 안 됩니다.

욕심을 버려야 합니다.

금욕을 통해 이성을 유지하며 이성에 따라 살아가는 금욕을 통해

마음의 평안함을 얻을 수 있다고 보아 이성을 숭상했다.

한편 스토아 학파는 키프로스 섬 출신 철학자인 '제논'이 창시한 학파로

제논
키프로스 섬 출신 철학자

기원전 2세기~기원전 1세기경

한 국가가 헬레니즘 왕조들을 멸망시키고 이들의 문화를 흡수해 크게 발전했다.

그 국가는 이탈리아 반도를 중심으로 라틴족이 세운 폴리스 '로마'였다.

기원전 3세기경 이탈리아 반도를 통일한 로마는

로마 제국

지중해

기원전 1세기 말에는 지중해 연안의 주요 지역을 차지하고 '제국'으로 성장했다.

그렇게 로마 제국의 지배 아래 그리스·로마의 문화가 지중해 연안으로 퍼져나갔다.

그 지식을 실용적으로 바꾸는 데도 능숙했다.

특히 토목·건축·법률·법 문화의 실용성이 두드러졌다.

로마는 고대 그리스와 헬레니즘 왕조들에서 번영한 문학·철학·미술학·지리학 등에 큰 영향을 받았는데,

세네카는 초기 로마 제국을 대표하는 스토아 학파의 철학자로 극작가, 정치가이기도 했다.

사상적인 측면에서 당대 로마인들 가운데 가장 중요한 인물은 1세기 중반에 활약한 '세네카'라는 철학자다.

사상적인 측면에서는 그리스 철학 등에 많은 영향을 받았으나, 이내 독자적으로 발전해 높은 수준을 갖추었다.

세네카
철학자 · 극작가 · 정치가

오오, 세네카!

잘 돌아와 주었네.

49년 로마의 궁전

황후 '율리아 아그리피나'의 요청으로 다시 로마로 돌아올 수 있었다.

그대를 다시 불러온 건 다름이 아니라,

세네카는 이로부터 8년 전인 41년, 황제 '클라우디우스'의 명령에 의해 코르시카 섬으로 추방당했지만

'아그리피나' 님…!

아니, 황후 폐하! 오랜만에 뵙습니다.

머뭇
머뭇

생긋

기꺼이
맡지요.

....

네로 12살
아그리피나와 전남편인
'아헤노바르부스' 사이의 자녀

내 아들 '네로'의
가정교사가
되어주었으면
해서라네.

네로 전하,
오늘부터
제가 전하의
교육을
맡습니다.

전하께서는
언젠가 황제가 되실
분이시니 많은 것을
배우셔야 합니다.

저…
세네카 선생님,
저는 황제가
될 수 없을
거예요.

188

스토아
철학
말이지요
…

선생님,
선생님께서
공부하신
스토아 철학은
어떤 사상인가요?

그리스어로 이렇게 기둥이 늘어선
복도를 '스토아'라고 합니다.

스토아 철학은 제논이라는 철학자가
아테네 광장의 스토아에서 설파하던
금욕주의 사상에서 비롯되었죠…

쉽게 말하면
영혼의 조화와
평안을 추구하는
사상입니다.

스토아 철학에서는
이러한 감정을
배제하고
이성적으로
살아가는 걸
목표로 합니다.

우리 인간은
분노나 슬픔처럼
다양한 감정을
가지고 있죠?

기쁨
보고
싶음
화남
즐거움
슬픔
질투
미움
부러움
우울

어떻게 할 수 있는 걸까요?

하지만 감정을 억누르는 건

와… 그리스인들은 생각이 깊네요.

이성을 활용해 감정과 정념을 억제하는 겁니다.

그로써 마음의 평안을 유지하는 것이지요.

스토아 철학은 그리스인 철학자들에 의해 로마의 상류 계급으로 확산되었고

전하, 물론 하실 수 있고 말고요!

그런 걸 제가 할 수 있을까요?

세네카 외에도
노예 출신 철학자
'에픽테토스'와

에픽테토스
그리스의 철학자

훗날 황제로 즉위하는
'마르쿠스 아우렐리우스'가
스토아 철학자로 유명하다.

마르쿠스 아우렐리우스
재위 161년~180년

전하께선
'키케로' 님을
알고
계십니까?

알고 있어요!
집정관(콘솔)※³이
되신 변론가시죠?

이 외에도 로마의 철학에는
아카데메이아 학파※¹나
페리파토스 학파※²등의
학파가 있었다.

※3 군사·행정 등 국정 전반을 담당하는 로마의 최고위 공직자

※1 플라톤의 사상을 따르는 학파
※2 아리스토텔레스의 사상을 따르는 학파

법정에서 변론가로 활약하다

맞습니다. 키케로 님은 정치가이자 변론가이며 사상가셨습니다.

마침내 집정관에 오르셨지요.

대단한 연설도 많이 하셨다고 들었어요.

많은 사람을 기소하거나 변호하고…

그렇군요.

또 키케로 님은 스토아 철학에 영향을 받아 『국가론』이나 『의무론』 등 훌륭한 저서를 남기셨습니다.

저도 이상적인 정치와 국가의 모습에 관심을 가져야 한다고 생각하지만…

키케로
정치가 · 변론가

역시...
저는 황제에 어울리는 인물이 아닌가 봐요.

감정을 풍부하게 만드는 시와 음악을 더 좋아해요.

인간 이라면 다들 그렇지요.

그렇기에 이성을 활용해 감정이나 정념을 억제하는 사상과 철학이 필요한 것입니다.

그로부터 5년 뒤

어머니 아그리피나와 갈등이 생기자 그녀에게 반역죄를 뒤집어씌워 죽였다.

네로는 황제가 되고 5년간은 선정을 펼쳤지만

황제 클라우디우스가 죽은 뒤[*], 네로는 16살이라는 어린 나이에 로마의 제5대 황제로 즉위했다.

※ 아그리피나가 계획한 암살이라는 주장도 있음

이 시기 횡령죄로
고발당한 세네카는
정계에서 은퇴하고
네로와 거리를
두었다.

심지어 황후인 '옥타비아'마저
죽음에 이르게 한 네로는
이 즈음부터 정신이 불안정해져
잔인하고 난폭한 성격으로 돌변했다.

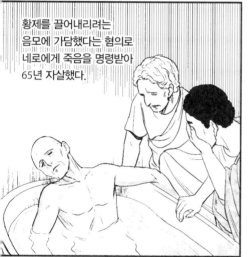

황제를 끌어내리려는
음모에 가담했다는 혐의로
네로에게 죽음을 명령받아
65년 자살했다.

세네카는 로마 근교에서
은둔하며 『행복론』과 『섭리』
등을 저술했지만

끝내 추격자들이
포위망을 좁혀 오자
그는 스스로
목숨을 끊었다.

그렇게 다시 수년 뒤
네로 또한 원로원과 군대의
지지를 잃고 로마에서
도망쳐 나왔다.

예, 삼촌. 놀랐습니다.

어떠냐, 엄청 활기찬 곳이지?

소 플리니우스

대 플리니우스[1]

77년

네로가 죽고 9년이 흘렀다.

※1 흔히 혈연관계인 동명이인을 구분할 때 연장자·1세의 이름 앞에 '대', 연소자·2세 앞에 '소'를 붙임

보디올[2] 항구도시

미세눔에도 사람이 많지만 보디올은 더 시끌벅적한 것 같아요.

※2 지금의 이탈리아 포추올리

이 당시에는 로마 해군 중에서도 가장 큰 규모를 자랑하는 미세눔 함대의 사령관이었다.

정치가이자 군인이었으며

대 플리니우스는 로마 제정 시대를 대표하는 지식인 중 한 명으로

이봐, 틀렸어.

친구분께서 지적했더니 몹시 화를 내셨었죠?

아, 저번에 노예가 틀리게 읽어서

쳇, 시키는 일이나 제대로 했으면 좋겠는데 말이야…

웃지 마

쓸데없는 소리 하지 마!

크악

콰장창

그 녀석이 지적하지만 않았어도 열 줄 이상은 더 읽었을 텐데!

그건 당연하지!

식사 중에도 노예에게 책을 낭송하게 했고 생각난 것이 있으면 그것을 바로 속기하게 했다고 한다.

식사하시든 말씀하시든 둘 중 하나만…

우물

우물

우물

우물

대 플리니우스는 함대 사령관으로 격무에 시달리는 외중에도 쉬지 않고 공부했다.

아 하 하핫 하

노예한테 화낸 게 아니라 그 녀석한테 화를 낸 거다!

199

홍, 그런 저급한 소설보다는 지식을 얻을 수 있는 책을 읽도록 해라. 전에 추천한 '리비우스'의 『로마사』는 다 읽었냐?

그러고 보니 '페트로니우스'의 인기소설 『사티리콘』※에 등장하는 '트리말키오'가 노예였다가 해방된 인물이었죠?

물론 다 읽었죠! 정말 흥미로웠어요. 역사라는 건 참 재미있네요.

※ 1세기경 페트로니우스가 썼다고 전해지는 로마의 장편 피카레스크식 소설

로마의 역사를 기록해야겠어.

리비우스 역사가

리비우스가 펴낸 『로마사』는 오늘날에는 앞부분만 남아 있지만, 공화정 시대의 로마 역사를 파악하는 데 필수적인 사료로 여겨지고 있다.

문학이 발달한 로마에 고대 그리스의 철학·문학이 라틴어로 번역돼 전해지면서 로마 문학은 이내 독자적으로 발전하기 시작했다.

그 결과 기원전 1세기부터 기원후 1세기 초반에 걸쳐 로마 문학은 황금시대를 맞이했다.

정복당한 그리스인이 사나운 로마를 정복했도다!

호라티우스
서정시인 / 대표작 『서정시집』

호라티우스, 오비디우스 등의 뛰어난 시인들이 활약했다.

'아이네이아스'라는 영웅의 모험담이네!

베르길리우스
시인 / 대표작 『아이네이스』

대표적으로 트로이의 멸망부터 로마가 건국된 시기를 배경으로 삼아 아이네이아스라는 인물이 펼치는 모험담을 집필한 베르길리우스와

오비디우스
서정시인 / 대표작 『변신 이야기』, 『사랑의 기술』

연애담이 특기랍니다~!

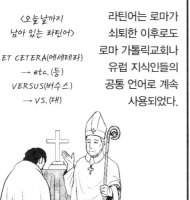

〈오늘날까지 남아 있는 라틴어〉

ET CETERA(에세테라)
→ etc. (등)
VERSUS(버수스)
→ vs. (대)

라틴어는 로마가 쇠퇴한 이후로도 로마 가톨릭교회나 유럽 지식인들의 공통 언어로 계속 사용되었다.

그러나 시와 철학에 사용된 문학성 높은 라틴어 문장은 중·상류 계층만이 이해할 수 있었다.

바이아 온천 휴양지

시장에서 묻은 먼지를 털어내자꾸나.

온천지인 바이아에서 가깝다는 것도 보디올의 장점이지.

나는 역시 집에서 하는 목욕이 더 좋아. 공중목욕탕은 시끄러워서 말이지.

공중목욕탕은 넓어서 좋아요. 이렇게 탕에 몸을 담그면 나도 로마인이구나 하는 생각이 든다니까요.

부유층은 집에 개인목욕탕을 지어 놓았고

일반 서민들은 여느 도시에나 있던 공중목욕탕을 이용했다.

인정 합니다….

여기 온천수가 몸에 되게 좋거든.

그치만 여긴 예외야.

하아

후

로마인들은 목욕을 매우 좋아해서

【카라칼라 욕장】

황제 카라칼라의 명령으로 216년에 완공된 목욕탕. 무려 1천 6백 명에 달하는 인원을 수용할 수 있었음. 열탕 · 온탕 · 냉탕 구역이 따로 있었으며. 도서관이나 운동장 등의 오락시설까지 갖추어져 있었음

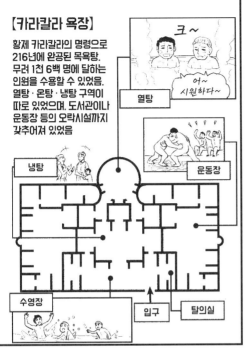

열탕

운동장

냉탕

수영장

입구

탈의실

심지어 3세기경 수도인 로마에는 '트라야누스', '카라칼라' 등의 황제들이 지어 놓은 대형 목욕탕까지 있었다.

또 로마인은 목욕물과 식수로 쓸 깨끗한 물을 안정적으로 확보하기 위해 수원지와 도시를 잇는 수도교와 지하 수로를 건설했다.

【로마의 급수시설】

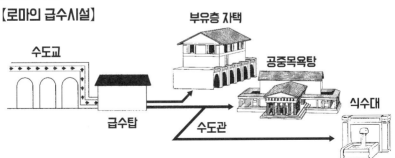

수도교

부유층 자택

공중목욕탕

식수대

급수탑

수도관

로마인의 수준 높은 토목 · 건축 기술은 다른 곳에서도 찾아볼 수 있다.

'아피아 가도'는 군대의 빠른 이동을 위해 돌로 포장한 도로인데,

로마부터 이탈리아 반도 동남부 브룬디시움까지 연결된 이 도로의 길이는 약 550km에 달한다.

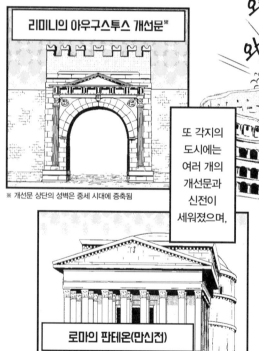

리미니의 아우구스투스 개선문※

※ 개선문 상단의 성벽은 중세 시대에 증축됨

또 각지의 도시에는 여러 개의 개선문과 신전이 세워졌으며,

로마의 판테온(만신전)

수도 로마에 지어진 거대한 원형 경기장 '콜로세움'은 약 50m의 높이로 5만 명을 수용할 수 있으며, 80년에 완공된 이래로 오늘날까지 전해져 그 위용을 떨치고 있다.

이번에 겨우 『박물지』집필을 끝내서 그동안 쌓인 피로를 풀고 싶어서 그래… 끄응차~

하지만 삼촌께서 먼저 온천에 가자고 하시다니 드문 일이긴 하네요.

오오! 대작을 집필 하셨으니 당연히 피곤 하시겠죠.

천만에! 온천에서 기력을 회복했으니 다시 공부 해야지!

이제 삼촌도 한숨 돌리 시겠네요.

대 플리니우스는 당대의 자연과학과 박물학을 정리해 『박물지』라는 총 37권짜리 백과사전을 집필했다.

크고 작은 항목만 2만여 개에 달하며 동식물에 관한 지식이 다량 기록돼 있어 중세에까지 많은 영향을 주었다.

정말 대단하세요.

무궁무진 해서 말이지.

아직도 궁금한 것과 모르는 것이

베수비오 화산

로마

나폴리

폼페이

그로부터 2년 뒤인 79년

쿠르르릉...

나폴리 동쪽의 베수비오 화산이 돌연 폭발했다.

쿠르르릉...

구름의 모양이 심상치 않아!

잠깐 상황을 살펴보고 와야겠다!

대 플리니우스 자택

하늘을 봐!

타다닥

오빠, 갑자기 나간다니 대체 무슨 일인데?

쿠르르르릉…

괴장한 폭발이다…

사람들을 구출하면서 화산 폭발도 조사해 보자!

이렇게 꾸물대면 폭발이 끝날지도 모른다! 서둘러라!

더 빨리 갈 수는 없나!

그곳에서 죽음을 맞이했다.

퍼어어 어엉—

그러나 폼페이 근처의 스타비아에에 상륙한 대 플리니우스는

나폴리

베수비오 화산

폼페이

스타비아에

208

이 도시들 중 18세기에 발굴된 폼페이 유적은 보존 상태가 좋아 고대의 타임캡슐이라고도 불리는 귀중한 유적이다.

이 폭발로 화산 근처의 여러 도시가 무너졌고, 두꺼운 화산재 아래에 파묻혔다.

자네의 삼촌이신 대 플리니우스 님께서 돌아가신지도 벌써 25년이나 흘렀군…

타키투스
정치가·역사가

그로부터 25년이 지난 어느 날

그분께 더 많은 걸 배우고 싶었어…

그렇네… 삼촌을 보면서 많은 자극을 받곤 했지.

소 플리니우스
정치가·작가

속주의 총독과 함대 사령관을 겸임하시는 바쁜 와중에도 학문에 힘쓰셨고

연구를 위해서라면 위험도 마다 않는 대단한 분이셨어.

나는 대 플리니우스 님을 역사서에 기록할까 하네.

그분에 대해선 자네에게 많이 들었으니 그걸 토대로 쓸 생각이야.

자네의 재능은 『로마사』를 쓴 리비우스보다 뛰어나다 해도 과언이 아니니 말일세.

호오, 그것 참 기대 되는군.

과찬이네. '플루타르코스'는 그리스·로마의 장군과 정치가에 대한 전기를 집필하려고 준비하고 있다지.

나도 그에게 비견될 만한 멋진 작품을 쓰겠어!

플루타르코스
그리스인 철학자·저술가

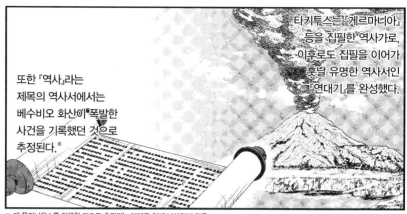

타키투스는 『게르마니아』 등을 집필한 역사가로, 이후로도 집필을 이어가 훗날 유명한 역사서인 『연대기』를 완성했다.

또한 『역사』라는 제목의 역사서에서는 베수비오 화산이 폭발한 사건을 기록했던 것으로 추정된다.※

※ 대 플리니우스를 언급한 것으로 추정되는 부분은 현재 남아있지 않음

한편 '스트라본'이라는 저술가는 『지리학』이라는 지리서를 집필했는데, 지리와 역사의 관계를 다뤄 고대사의 귀중한 사료로 여겨지고 있다.

스트라본
그리스의 지리학자

플루타르코스는 『플루타르코스 영웅전』을 집필한 저술가로 그리스 · 로마 신화 속 위인을 한 명씩 비교하는 구성으로 인기를 끌었다.

그리스 신화의 영웅
테세우스

비교해 보면 재미있을 겁니다.

미노타우로스를 물리쳤다!!

VS.

로마
로물루스
전설의 왕

제가 귀웠습니다.

로마는 내가 세웠다!

시곗바늘은 빠르게 움직여
소 플리니우스와 타키투스가
살던 시대로부터 약 50년 뒤.

하드리아누스
영토 수비

네르바
기반 마련

트라이아누스
영토 확장

안토니누스 피우스
평화와 안정

마르쿠스 아우렐리우스
철학자

그동안
로마 제국은
훗날 '오현제'
라고 불리는
5명의 뛰어난
황제를 거치며
안정적으로
통치되었고

로마 제국 역사상
가장 넓은 영토를 차지했다.

전염병이 크게 돌아
수많은 백성들이
목숨을 잃었다.

하지만 외적들이
북쪽 국경을
번번이 위협했고

176년

마르쿠스!

마르쿠스!

로마 만세!

마르쿠스!

마르쿠스 만세!

마르쿠스!

와!

와!

와!

와!

저 검투사는 요즘 제일 주목받는…

아니, 콜로세움에 오셔서까지 일하시는 거예요?

아버지! 방금 보셨어요? 정말 치열 했어요!

헉

헉

와ー

와ー 와ー

그, 음… 그러니…

심지어 아버지께서 개최하신 경기잖아요.

와ー 와ー 와ー

와ー

로마에서 가장 오래된 법전은 「12표법」으로 기원전 450년경에 제정되었다. 이는 예로부터 구전으로 내려오던 관습법을 기록해 12장의 동판에 새긴 것이었다.

시민들이 기뻐한다면 그걸로 충분하다.

나는 새로운 법률을 구상해야만 해.

로마인 특유의 실용성은 특히 법률과 법 문화에 잘 나타나는데, 이는 오랜 역사를 자랑했다.

그러나 점차 로마의 영토가 넓어지고, 다른 풍속을 가진 다양한 민족을 지배하게 되면서

로마 제국에서는 「12표법」과 같은 성문법보다는 모든 사람이 따를 수 있는 관습법인 '만민법'이 더 중요하게 여겨졌다.

칙령을 내리노라!

조언을 드리지요.

국가 원수인 황제가 내린 칙령 또한 법률로 취급되었다.

오현제 시대인 96년부터 180년 법학자들은 조언자의 역할로 정치에 참여할 수 있었으며,

황제

법학자

이렇게 판결하는 게 좋지 않겠소?

법학자의 해석과 의견은 『학설휘찬』이라는 문서로 정리되었다.

내 명령에 따르라!

그렇게 황제의 칙령은 『칙법휘찬』이라는 문서로 정리되었고

4년에 한 번은 365일+1일=366일로 한다!

참고로 기원전 46년에는 집정관 '율리우스 카이사르'가 역법인 로마력을 개정해 '율리우스력'을 만들었다.

그리고 6세기에 들어 이러한 법률 문서를 집대성해 편찬한 것이 바로 『로마법 대전』이었다.

『로마법 대전』은 근대 유럽 법률의 바탕이 되었으며, 세계 각국의 법 제도에도 많은 영향을 미쳤다.

아버지께서 좀 도와주시면 안 될까요?

한 번이라도 좋으니까 검투사로서 싸워보고 싶다….

와아…

우와…

초롱초롱

와아아아아—

털썩

무슨 바보 같은 소리냐!

그런 기본적인 것도 모르는 것이냐!

황제는 자신의 힘을 국가를 위해 사용해야 하는 것이다!

너의 지위를 잊지 마라, 콤모두스!

내 뒤를 잇는다는 놈이…!

알고 있어요….

이 즈음 시민들에게 식량과 오락을 제공하는 일은 정치와 민심의 안정을 위해 황제가 해야 할 중요한 소임 중 하나였다.

2세기경 수도인 로마의 인구 수는 1백만 명을 넘어섰다.

와— 와아— 바로 거기다! 죽여라!

잘한다~! 더 공격해!

오락의 경우 콜로세움에서 벌어지는 검투사 대회를 볼 수 있었다.

그중에서도 검투사와 맹수의 결투 등은 많은 시민을 매료시켜 큰 인기를 끌었다.

【콜로세움】
좌석 수 4만 5천 석
입석 관람객 5천 명
검투장 면적 3,600m²

출구
맹수용 입구
검투사용 입구

로마 시민들은 식량의 경우 드넓은 로마 제국의 영토에서 수확된 풍족한 곡물을 무료로 배급받는 특권을 누렸고,

시민 여러분! 마음껏 즐겨 주십시오!

이러한 대회는 황제를 비롯한 부유한 유력자들이 시민들의 지지를 얻고 스스로의 권위를 높이기 위해 개최했는데

지방도시의 유력자

시민들에게 선거권이 있으니 비위를 맞춰 줘야지.

와아—

두두두두두

참고로 전차 경주가 이루어지던 '키르쿠스(경기장)'는 오늘날 '서커스'의 어원이 되었다.

와—
가타—!
와—
죽여라—!
와—
와—
와아아!

2세기 초의 한 시인은 이렇듯 로마 시민들에게 식량과 오락을 제공하는 일을 두고 '빵과 서커스' 라고 표현하기도 했다.

네?! 또 가야 해요?

며칠 있다가 게르만족과의 전투를 위해 북방으로 떠나야지.

와—
와—
와—

콤모두스, 아쉽겠지만 대회는 한동안 못 볼 거다.

후—

와—

...

아버지! 사자가 나왔어요!

와—

‖ 괄호 안은 오늘날의 지명 ‖

게르마니아

빈도보나
(빈)

로마 제국

179년 마르쿠스는 로마군을
이끌고 빈도보나로 가
게르만족의 한 갈래인 콰디족과
격렬한 전투를 거듭했다.

아버지,
아직
안 주무세요?

쿨
쿨
럭
럭
럭

219

스토아 학파의 철학서에 익숙해서 말이지.

그리스어로군요.

이런 전쟁터 한복판에서도 철학을 놓지 않으시다니.

더구나 이렇게 잔뜩…

잠시 떠오른 걸 적어두고 있었단다.

음… 아들아.

'너 자신이 국가라는 공공의 구성요소인 것처럼

너의 모든 행위도 공공의 구성요소처럼 해야 한다' ….

여기서 '너'는 아버지를 말씀하시는 건가요?

즉 아버지는 국가라는 공동체를 구성하는 일부이니

아버지는 공동체의 일부로서 행동해야 한다….

이런 말씀이신가요?

그렇단다 ….

220

우선 선한 사람이 되어야 한단다.

하지만 장차 황제가 될 테니 잘 기억해 두거라.

콤모두스, 너는 철학이나 이성보다 검투사 대회나 연회에 더 관심을 가지지.

쿨럭…

….

또 황제로서 가장 정당하다고 생각되는 일을 해야 한단다.

알겠느냐?

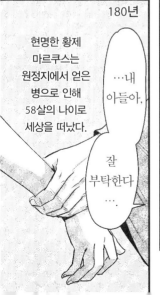

180년

현명한 황제 마르쿠스는 원정지에서 얻은 병으로 인해 58살의 나이로 세상을 떠났다.

…내 아들아,

잘 부탁한다….

편찮아 보이세요.

그보다 어서 쉬세요.

쿨럭 쿨럭

제국을 반드시 잘 다스려 보일게요.

알고 있어요, 아버지.

이성과 겸손을 숭상했던 마르쿠스는 제국을 지키기 위해 전쟁에 몰두하면서도 마음만은 항상 철학에 두었다.

그가 전쟁터에서 썼던 글은 훗날 책으로 묶여 『명상록』이라는 제목이 붙었다. 로마 제정 시대의 스토아 철학을 대표하는 이 작품은 오늘날에도 여전히 많은 이들에게 읽히고 있다.

그렇게 오현제 시대는 철인 황제(哲人皇帝) 마르쿠스의 죽음으로 막을 내렸다.

그 후 뒤를 이어 황제로 즉위한 콤모두스는

측근들에게 정치를 맡기고 방탕한 생활을 이어갔다.

그는 결국 측근에게 암살당해 최후를 맞이했다.

스스로 검투사가 되어 대회에 출전했다고도 전해진다.

그리스인의 수준 높은 정신문화와
자연과학을 계승한 로마인들은
그 지식을 실용적으로 전환하는
능력 또한 매우 뛰어났다.

수도교와
도로 등의
건축물,

라틴어로 쓰여진
문학작품과 로마법 등

로마 제국의 광활한 영토에
남겨진 수많은 문화유산은

후세에까지 많은
영향을 주었다.

주요참고도서 · 자료

【서적】

- 山川出版社,『新世界史B』(개정판) /『詳説世界史B』(개정판) /『山川 詳説世界史図録』(제2판) /『世界史用語集』(개정판)
- 岩波書店,『西洋哲学史—古代から中世へ』/『自省録』/『インド思想史』/『諸子百家〈再発見〉—掘り起こされる古代中国思想』
- 講談社,『都市国家から中華へ』/『古代中国』
- 集英社,『孔子画伝—聖蹟図にみる孔子流浪の生涯と教え』
- 東京大学出版会,『仏教入門』
- 東京堂出版,『古代ギリシア遺跡事典』
- 中央公論社,『マヌ法典—ヒンドゥー教世界の原型』
- 平凡社,『マヌ法典』『南アジアを知る事典』
- 山川出版社,『新版世界各国史17 ギリシア史』/『儒教の歴史』/『ヒンドゥー教とインド社会』
- 大月書店,『輪切りで見える!パノラマ世界史①　世界史のはじまり』
- ガイアブックス,『古代文明の世界大図鑑』
- KADOKAWA,『角川世界史辞典』
- 講談社,『興亡の世界史シリーズ』/『古代インド』
- 小峰書店,『オリンピック・パラリンピック大百科』
- 小学館,『ニッポニカ 日本大百科全書』
- 晶文社,『絵と物語でたどる古代史① 歴史のはじまり』
- 新人物往来社『中国王朝四〇〇〇年史』
- 創元社,『図説 世界の歴史』/『図説 中国文明史』
- 創土社,『インドの歴史』

- 筑摩書房,『100のモノが語る世界の歴史1 文明の誕生』/『プルタルコス英雄伝』
- 二玄社,『ガンダーラ美術にみるブッダの生涯』
- 原書房,『絵で見る中国の歴史』/『エーゲ文明への道—シュリーマンとエヴァンズの発掘物語』/『鳥瞰図で見る古代都市の世界』/『アレクサンドロス大王の野望』/『船の歴史事典』
- 平凡社,『世界大百科事典』/『中国社会風俗史』
- 法政大学出版局,『古代の船と航海』
- 明治書院,『新釈漢文大系 史記』
- 平凡社,『世界大百科事典』
- 吉川弘文館,『中国古代の生活史』

【WEB】

NHK高校講座 世界史, 日本オリンピック委員会, NHK for School

이 책을 만든 사람들

- **감수:** 하네다 마사시(HANEDA MASASHI)
  도쿄대학 명예 교수

- **플롯 집필 · 감수:**

  제1장　하세가와 다카시(HASEGAWA TAKASHI)
  　　　　게이오기주쿠대학 준교수

  제2장　홋타 가즈요시(HOTTA KAZUYOSHI)
  　　　　오카야마 이과대학 준교수

  제3장　왕 원루(WANG WENLU)
  　　　　도쿄대학 도쿄칼리지 특임연구원

  제4장　하세가와 다카시(HASEGAWA TAKASHI)
  　　　　게이오기주쿠대학 준교수

- **자켓 · 표지:** 곤도 가쓰야(KONDOU KATSUYA)
  스튜디오 지브리

- **만화 작화:** 비젠 야스노리(BIZEN YASUNORI)

- **내비게이션 캐릭터:** 우에지 유호(UEJI YUHO)

차별적 표현에 대하여

『세계의 역사』 시리즈에는 현대를 살아가는 우리가 입에 담아서는 안 될 차별적인 표현을 사용한 부분이 있습니다. 역사적 배경이나 시대적 관점을 보다 정확하게 전달하기 위해, 불편함을 무릅쓰고 꼭 필요한 최소한의 용어만 사용했습니다. 본 편집부에게 차별을 조장하려는 의도가 없다는 점을 알아주시길 부탁드립니다.

— 원출판사의 말

세계의 역사

고대 사회와 사상가들

(기원전 6세기~기원 원년)

초판인쇄 2022년 12월 30일
초판발행 2022년 12월 30일

감수 하네다 마사시
옮긴이 일본콘텐츠전문번역팀
발행인 채종준

출판총괄 박능원
국제업무 채보라
책임번역 문서영
책임편집 조지원
디자인 홍은표
마케팅 문선영 · 전예리
전자책 정담자리

브랜드 드루주니어
주소 경기도 파주시 회동길 230 (문발동)
문의 ksibook13@kstudy.com

발행처 한국학술정보(주)
출판신고 2003년 9월 25일 제406-2003-000012호
인쇄 북토리

ISBN 979-11-6801-779-5 04900
      979-11-6801-777-1 04900 (set)